Voie express

ESPAGNOL

ouvrage coordonné par **Claude Renucci**

Juan Gonzalez

Nathan

Retrouvez également la version coffret de votre méthode Voie express comprenant 1 livre + 2 CD audio + 1 CD-ROM interactif ou 1 cahier d'écriture

COORDINATION ÉDITORIALE :
Christine Asin

ÉDITION :
Mélanie Louis

CONCEPTION GRAPHIQUE DE L'INTÉRIEUR :
Courant d'idées

CONCEPTION GRAPHIQUE DE LA COUVERTURE :
Vincent Rioult

MISE EN PAGES :
Nord compo

25 avenue Pierre de Coubertin – 75013 PARIS

ISBN : 978-2-09-163613-9

Couverture : (hg) Shutterstock/Alexander Raths ;
(hm) Shutterstock/Bevan Goldswain ;
(hd) Shutterstock/wavebreakmedia ;
(bg) Shutterstock/Rob Marmion ; (bd) Shutterstock/baranq

ommaire

	Titre de l'épisode et contenus	Grammaire	
Chapitre 1	**Buenos días** *Bonjour* • dire bonjour • se présenter • dire qu'il fait beau • compter de 1 à 10	• Le verbe être (singulier) : *ser* et *estar* • Poser des questions : *¿quién ? - ¿cómo ?*	p. 10
Chapitre 2	**¿Cómo se llama por favor?** *Comment vous appelez-vous, s'il vous plaît ?* • dire/demander comment on s'appelle • épeler son nom • dire/demander d'où on vient • dire où on habite • remercier, dire au revoir • questionner à propos des couleurs et en parler • dire que l'on gagne/que l'on perd • les pronoms personnels sujets	• Le verbe être (pluriel) • La négation • Le pluriel des mots : noms, adjectifs et articles	p. 14
Test 1	• remplir une fiche de renseignements • connaître tout l'alphabet en espagnol		p. 18
Chapitre 3	**Tengo un nuevo juego.** *J'ai un nouveau jeu...* • dire/demander ce que l'on a • demander combien • parler d'argent • dire que quelque chose est juste/faux • apprendre les couleurs	• Le verbe avoir : *tener* • Les adjectifs : masculin, féminin • L'apocope	p. 22
Chapitre 4	**¡Tiene cinco mil euros en su maleta!** *Il a 5 000 euros dans sa valise !* • dire qu'il y a... • demander à quelqu'un de faire quelque chose • faire une proposition • dire un numéro de téléphone • les personnes	• Il y a : *hay* ... • Le présent des verbes de la 1re conjugaison : les verbes en *-ar* • Les verbes pronominaux • Les adjectifs possessifs	p. 26
Test 2	• indiquer un numéro de vol, de téléphone, etc. • remplir une fiche de réparation		p. 30
Chapitre 5	**El juego de los nombres** *Le jeu des prénoms* • dire à quelqu'un de ne pas faire quelque chose • dire que quelque chose appartient à quelqu'un • compter de 11 à 20	• Le présent des verbes de la 2e conjugaison : les verbes en *-er* • L'impératif affirmatif et négatif des verbes en *-ar*	p. 34
Chapitre 6	**¡Al siguiente!** *Au suivant !* • dire qu'il y a ... • dire qu'il n'y a pas... • dire que l'on a • les membres de la famille • les jours de la semaine	• La négation : adverbes négatifs • La possession	p. 38
Test 3	• faire un slogan publicitaire • faire un arbre généalogique		p. 42

Sommaire

Chapitre 7	**Cada año más importante** *Plus important chaque année* • comparer deux personnes ou deux choses • parler d'un événement passé, de ce qu'il y avait • remercier • cent, mille • le temps qu'il fait	• Le comparatif de supériorité • Les comparatifs irréguliers • Le verbe *ser* au passé simple • Les adjectifs démonstratifs	p. 46
Chapitre 8	**¡La corredora más anciana tenía 90 años!** *La marathonienne la plus âgée avait 90 ans !* • comparer une personne ou une chose à toutes les autres • dire/demander l'âge de quelqu'un • poser des questions : les mots interrogatifs	• Très, extrêmement : les altérations de l'adjectif • Le superlatif • *¿Qué edad tiene?*	p. 50
Test 4	• donner l'âge de sa famille • compter		p. 54
Chapitre 9	**Soy probadora de juegos** *Je suis testeuse de jeux* • parler d'une habitude • parler de son métier • dire ce que l'on aime	• Les pronoms personnels compléments • Le présent des verbes réguliers en *-ir* • Un verbe irrégulier : *ir* (aller) au présent et à l'impératif	p. 58
Chapitre 10	**¿No te da dolor de cabeza?** *Ça ne te donne pas mal à la tête ?* • dire que l'on ne fait pas quelque chose d'habitude • dire ce que l'on fait souvent, jamais, parfois, etc. • dire ce que l'on n'aime pas • les mois et les saisons	• Le présent de verbes irréguliers : voir, donner, vouloir, venir • Les pronoms personnels compléments (suite) • Les adverbes de fréquence	p. 62
Test 5	• écrire une petite lettre • parler de son travail		p. 66
Chapitre 11	**Algunos secretos chinos** *Quelques secrets chinois* • parler des ingrédients d'une recette • dire beaucoup de…, un peu de…, peu de… • les nationalités et les pays	• Les suffixes diminutifs • Les quantités • Le verbe irrégulier *hacer* (faire) au présent et à l'impératif	p. 70
Chapitre 12	**¡Qué receta tan fácil!** *Quelle recette facile !* • suivre une recette et dire ce qu'on fait d'abord, ensuite, etc. • poser une question sur la quantité, demander combien • les ustensiles de cuisine	• Les adverbes de manière • Les verbes réguliers en *-er* et en *-ir* à l'impératif • Exprimer un besoin, un manque ou un désir	p. 74
Test 6	• suivre une liste de courses • composer un menu		p. 78
Chapitre 13	**¿Qué pasó exactamente?** *Que s'est-il passé exactement ?* • parler de ce qui s'est passé et qui est terminé • dater un événement passé • les voyages en avion	• Le passé simple des verbes réguliers et de quelques verbes irréguliers • Exprimer le moment où s'est produite l'action	p. 82
Chapitre 14	**Tenía solo un billete** *Je n'avais qu'un seul billet* • parler de ce qui ne s'est pas passé • demander ce qui s'est passé • dire « oui » ou « non » • apprendre d'autres verbes irréguliers	• L'imparfait des verbes réguliers et de quelques irréguliers (*ser, dar, ver, querer, ir*)	p. 86

Test 7
- parler de ce qui s'est passé — p. 90

CHAPITRE 15
¿Se puede dormir en el interior?
Peut-on dormir à l'intérieur ?
- dire que l'on peut faire quelque chose
- dire que l'on est obligé de/que l'on doit faire quelque chose
- les pièces de la maison

- La possibilité : *se puede, puede ser, quizás*
- L'obligation avec *hay que, hace falta*
- Le verbe irrégulier *poder* (pouvoir) au présent

p. 94

CHAPITRE 16
Se debe visitar el hotel
Vous devez absolument visiter l'hôtel
- exprimer une obligation personnelle
- dire que l'on n'est pas obligé de faire quelque chose
- dire qu'il est interdit de faire quelque chose
- les vêtements

- L'obligation personnelle : *tener que, haber de, deber*
- Le verbe *haber* : présent, imparfait et passé simple
- Le pronom « on »

p. 98

Test 8
- dire ce que l'on doit faire dans la semaine
- dire ce qu'il faut faire
- dire ce que l'on peut faire

p. 102

CHAPITRE 17
Gijón contra Madrid
Gijon contre Madrid
- dire qu'on est en train de faire ou de ne pas faire quelque chose
- demander ce que quelqu'un est en train de faire
- décrire un aspect, les circonstances d'une action
- dire quelqu'un, quelque chose, personne, rien, …

- Le gérondif : exprimer les circonstances et l'aspect de l'action
- Les pronoms indéfinis : *algo, alguien*, …

p. 106

CHAPITRE 18
Empieza el partido
Le match commence
- dire ce qu'on a l'intention de / va faire ou ne pas faire
- demander ce que quelqu'un va / a l'intention de faire
- les sports

- Le présent pour exprimer un futur
- La proposition *a*
- Les articles contractés
- L'article neutre *lo*

p. 110

Test 9
- parler de ses intentions pour la semaine — p. 114

CHAPITRE 19
Adoro hacer compras
J'adore faire les courses
- faire une suggestion, proposer quelque chose
- dire ce qu'on aime faire
- dire comment se déplacer
- dire et demander l'heure
- les adverbes de lieu

- Le participe passé
- La localisation dans le temps
- L'heure

p. 118

CHAPITRE 20
¿Quiere ruibarbo?
Voulez-vous de la rhubarbe ?
- faire une demande polie
- faire une suggestion
- proposer poliment quelque chose
- exprimer « du », « de la », « des »
- les fruits

- Les quantités indéterminées : *algunos, poco, unos,…*
- Aimer : *me gusta, querer a, amar a.*
- Le passé composé

p. 122

Test 10
- dire ce que l'on aime
- donner l'heure

p. 126

Annexes
- Traduction des dialogues — p. 128
- Corrigés des exercices — p. 142
- Lexique alphabétique espagnol - français — p. 154
- Lexique alphabétique français - espagnol — p. 164

À la découverte de votre méthode Voie express

▸ *Ouverture et Dialogue*

- **10 ouvertures** pour faire connaissance avec la culture du pays.
- **20 dialogues** conçus comme des moments de radio pour être en contact avec une langue orale, authentique et contemporaine.
- **Une rubrique de vocabulaire et d'expressions** pour visualiser en un clin d'œil les mots nouveaux rencontrés dans le texte.
- **40 activités orales**, spécialement conçues pour les francophones, pour s'entraîner à parler sans complexe.

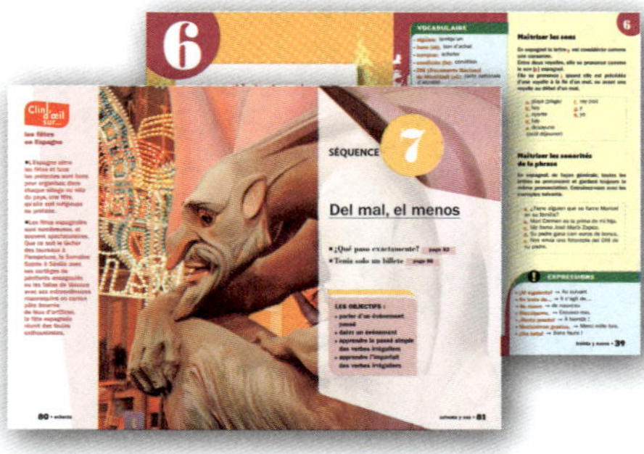

▸ *Grammaire*

- **Les points de grammaire** essentiels rencontrés dans le dialogue.

■ Des explications simples et précises, illustrées d'exemples, pour être comprises rapidement.

■ Des exercices d'application avec des lignes de réponse, afin de pouvoir noter directement les solutions.

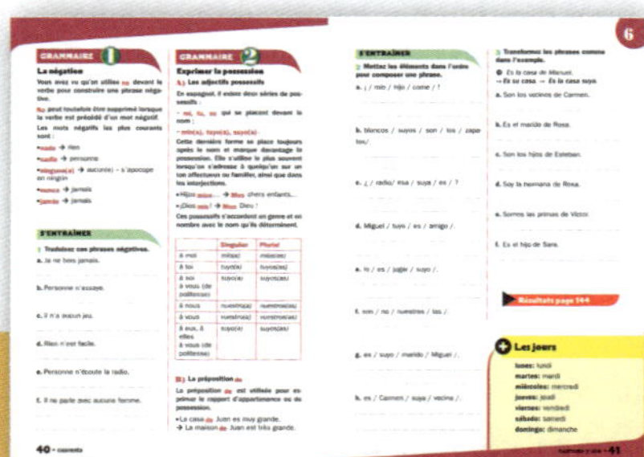

▸ *Tests*

➘ **10 séquences de tests** pour réutiliser tout ce que vous avez dejà appris de manière différente et divertissante.

■ Des moments privilégiés pour s'auto-évaluer et mesurer concrètement ses progrès.

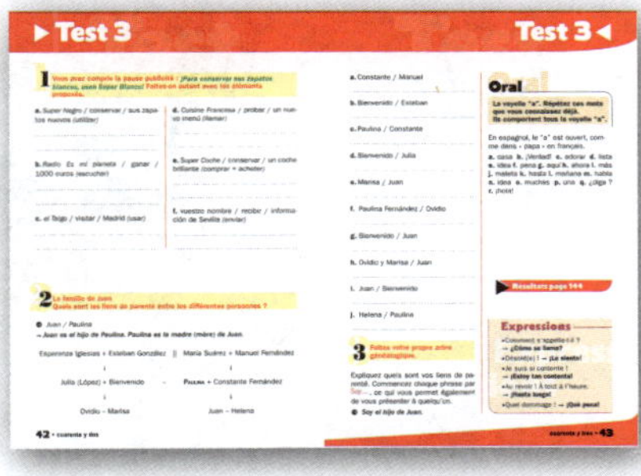

▸ *Annexes*

➘ Des pages d'annexes complètes situées à la fin de l'ouvrage à consulter aussi souvent que nécessaire :

■ **la traduction** de tous les moments de radio,

■ **le corrigé** de tous les exercices,

■ **un lexique** alphabétique langue étudiée-français qui reprend tous les mots abordés dans l'ouvrage ainsi que les expressions utiles,

■ **un lexique** alphabétique français-langue étudiée pour trouver facilement tout ce que vous avez envie de dire.

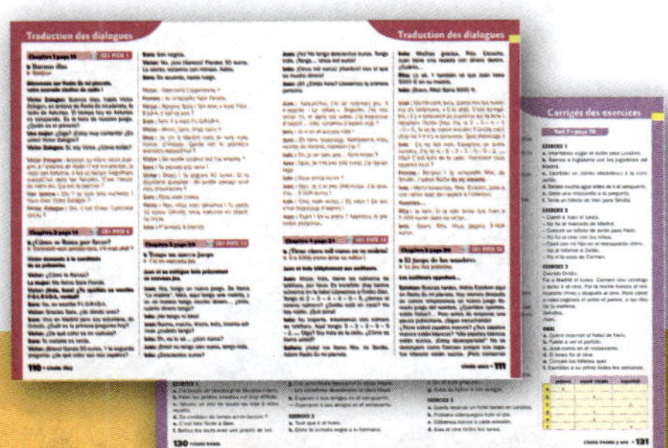

Clin d'œil sur...

le Royaume espagnol

- L'Espagne s'étend sur une superficie de 506 000 km^2. Elle occupe la plus grande partie de la péninsule Ibérique plus les Îles Canaries, les Baléares, deux villes et quelques îles au nord de l'Afrique.

- Les Espagnols sont plus de 45 millions en 2007, en partie grâce à l'arrivée de nombreux immigrants. En 2005, presque 8,5 % de la population était de nationalité étrangère.

- L'Espagne est une monarchie parlementaire : le roi est le chef de l'État, mais c'est le président du gouvernement désigné par le Parlement qui mène les affaires du pays.

- Elle est membre de l'Union européenne depuis 1986.

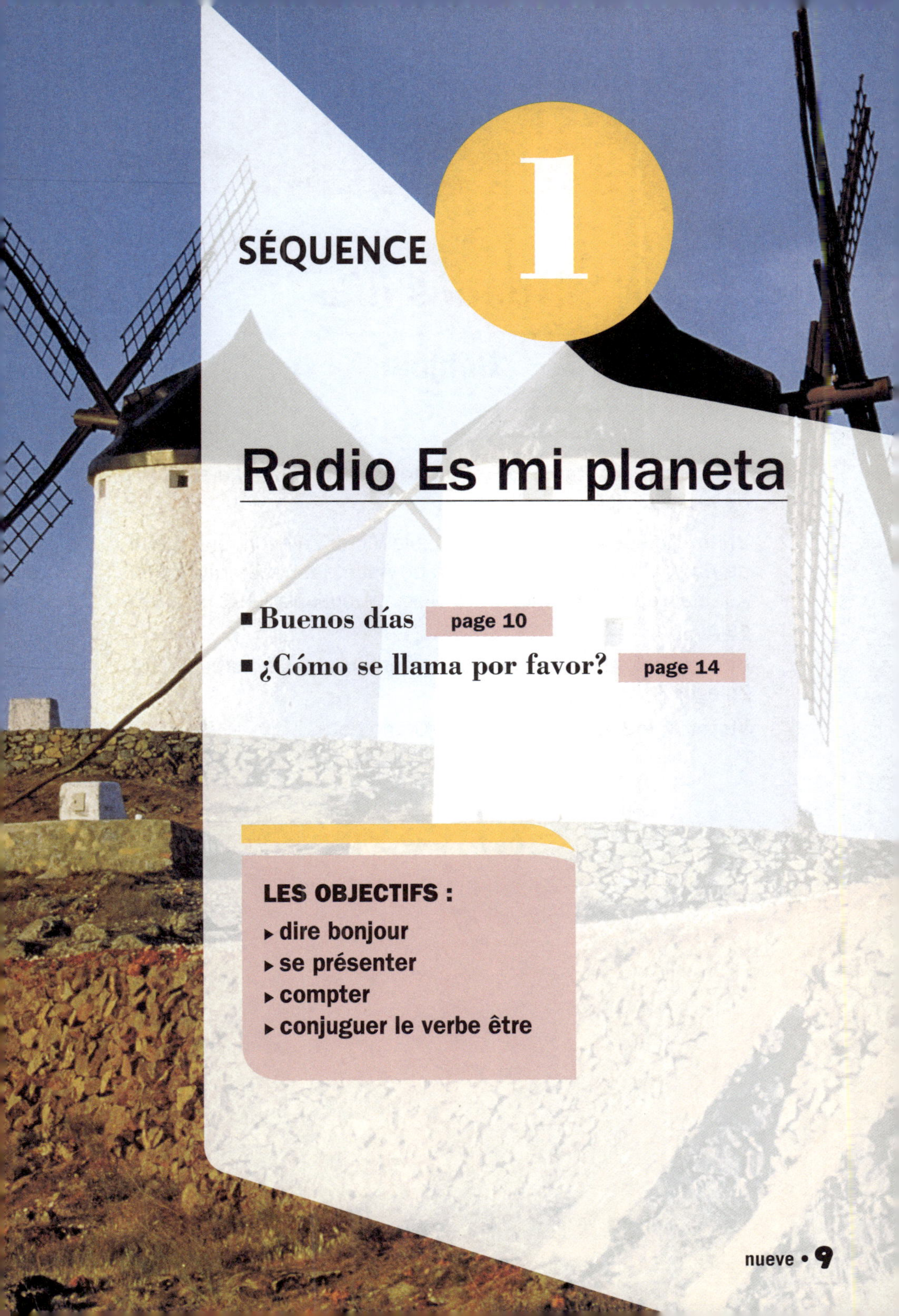

SÉQUENCE 1

Radio Es mi planeta

- ¡Buenos días page 10
- ¿Cómo se llama por favor? page 14

LES OBJECTIFS :

- dire bonjour
- se présenter
- compter
- conjuguer le verbe être

1

Buenos días

Bonjour

Bienvenue sur* Radio Es mi planeta*, votre nouvelle station de radio !

Víctor Zalegon: Buenos días, habla Víctor Zalegon, en antena de *Radio Es mi planeta*, la radio de Asturias. El tiempo hoy en Asturias es estupendo. Es la hora de nuestro juego. ¿Quién es el primero?

Una mujer: ¿Diga? ¡Estoy muy contenta! ¿Es usted Víctor Zalegon?

Víctor Zalegon: Sí, soy Víctor. ¿Cómo estás?

VOCABULAIRE

- **antena (la):** antenne
- **Asturias:** les Asturies (province du nord de l'Espagne)
- **bueno(a):** bon(ne)
- **¿cómo?:** comment ?
- **contento(a):** content(e)
- **día (el):** jour
- **es:** c'est
- **estar:** être
- **estoy (v. *estar*):** je suis
- **estupendo(a):** magnifique
- **hablar:** parler
- **hora (la):** heure
- **hoy:** aujourd'hui
- **juego (el):** jeu
- **mi:** mon, ma
- **mujer (la):** la femme
- **muy:** très
- **nuestro(a):** notre
- **planeta (el):** planète
- **primero (el)/primera (la):** le premier, la première
- **¿quién?:** qui ?
- **radio (la):** radio
- **ser:** être
- **sí:** oui
- **soy (v. *ser*):** je suis
- **tiempo (el):** temps
- **uno(a):** un(e)
- **usted:** vous (forme de politesse singulier)

Maîtriser les sons

En espagnol, les mots comportent un accent tonique.
Lorsque le mot ne comporte qu'une syllabe, elle est obligatoirement accentuée. Exemple : *hoy*.
On place l'accent tonique sur la dernière syllabe lorsque le mot finit par une consonne, sauf lorsque cette consonne est un *-n* **ou un** *-s*
Exemples : *la sociedad, la mujer*

a. mar *(mer)*
b. dos *(deux)*
c. papel *(papier)*
d. mil *(mille)*
e. profesor *(professeur)*
f. locutor *(locuteur)*

Maîtriser les sonorités de la phrase

Entraînez-vous à lire les phrases suivantes.

a. Buenos días.
b. El tiempo hoy en Asturias es estupendo.
c. ¿Quién es el primero?
d. Estoy muy contento.
e. ¿Cómo estás?

! EXPRESSIONS

- **Buenos días.** → Bonjour.
- **Es la hora.** → C'est l'heure.
- **en antena** → à l'antenne
- **¿Diga?** → Allo ?
- **¿Cómo estás?** → Comment vas-tu ?

GRAMMAIRE 1

Le verbe être

En espagnol, il existe deux verbes « être ».

On utilise :
– le verbe **ser** pour décrire un état qui ne changera pas,
– le verbe **estar** pour parler du lieu où l'on se trouve ou de l'état dans lequel on se sent.

A) Le verbe *ser*

Les 3 personnes du singulier

(yo) **soy**	je suis
(tú) **eres**	tu es
(él) **es**	il est
(ella) **es**	elle est
(usted) **es**	vous êtes (vous de politesse sing.)

! Les pronoms personnels n'apparaissent pas toujours et ne s'emploient pas dans le langage parlé, sauf si l'on veut insister sur le sujet. Pour vouvoyer quelqu'un, on emploie le pronom *usted*. Le verbe est conjugué comme la 3e personne du singulier.

- **Soy** española. → **Je suis** espagnole.
- **Eres** el primero. → **Tu es** le premier.

B) Le verbe *estar* (1)

Les 3 personnes du singulier

(yo) **estoy**	je suis
(tú) **estás**	tu es
(él) **está**	il est
(ella) **está**	elle est
(usted) **está**	vous êtes (vous de politesse sing.)

- ¿Dónde **está**? → Où **est-ce** ?
- ¿Cómo **estás**? → Comment **vas-tu** ?
- **Estoy** muy contenta.
→ **Je suis** très contente.

S'ENTRAÎNER

1 De quel verbe s'agit-il : ser ou estar ?

a. Estás muy contento.
b. Soy la primera.
c. Estoy en la radio.
d. Es un día estupendo.
e. Eres de Asturias.
f. La mujer está en la antena.

	ser	*estar*
a		x
b	x	
c		x
d	x	
e	x	
f		x

2 Complétez les phrases avec le verbe ser.

a. Lola ___es___ la primera.

b. (Tú) ___eros___ de Asturias.

c. ___Es___ la hora de nuestro juego.

d. ¿Quién ___es___ el primero?

e. (Yo) ___Soy___ español.

3 Complétez les phrases avec le verbe estar.

a. (Tú) ___Estás___ triste. *(triste)*

b. Asturias ___está___ en España.

c. (Yo) ___Estoy___ contenta.

d. Madrid está en el centro de España.

e. La mujer está al teléfono. *(au téléphone)*

f. Víctor está en la radio.

GRAMMAIRE 2

Poser des questions

À la forme interrogative, le sujet se trouve en général après le verbe.

Les mots interrogatifs portent toujours un accent écrit.

! Attention à la ponctuation ! Une phrase interrogative est précédée d'un point d'interrogation à l'envers et se termine par un point d'interrogation à l'endroit. C'est la même chose avec le point d'exclamation dans les phrases exclamatives.

- ***Quién, Cómo***
- ¿**Quién** eres? → **Qui** es-tu ?
- ¿**Cómo** estás? → **Comment** vas-tu ?
- ¿**Cómo** está Víctor?
→ **Comment** va Victor ?

S'ENTRAÎNER

4 Posez une question.

➔ *Demandez si la femme est contente :*
→ ***¿Está la mujer contenta?***

a. Demandez si Victor est espagnol.

¿Está Victor español?

b. Demandez si c'est l'heure de notre jeu.

¿Es la hora de nuestro juego?

c. Demandez si la femme est au téléphone.

¿Está la mujer al teléfono?

Résultats page 142

+ Les chiffres de à 10

1	uno
2	dos
3	tres
4	cuatro
5	cinco
6	seis
7	siete
8	ocho
9	nueve
10	diez

2

¿Cómo se llama por favor?

Comment vous appelez-vous, s'il vous plaît ?

Víctor demande à la candidate de se présenter.

Víctor: ¿Cómo te llamas?

La mujer: Me llamo Sara Florida.

Víctor: ¡Hola, Sara! ¿Tu apellido se escribe F-O-L-R-I-D-A, verdad?

Sara: No, se escribe F-L-O-R-I-D-A.

Víctor: Gracias Sara, ¿de dónde eres?

Sara: Vivo en Madrid pero soy asturiana, de Oviedo. ¿Cuál es la primera pregunta hoy?

Víctor: ¿De qué color es mi corbata?

Sara: Tu corbata es verde.

Víctor: ¡Bravo! Ganas 50 euros. Y la segunda pregunta: ¿de qué color son mis zapatos?

Sara: Son negros.

Víctor: No, ¡son blancos! Pierdes 50 euros. Lo siento, estamos con retraso. Adiós.

Sara: De acuerdo, hasta luego.

VOCABULAIRE

- **acuerdo (el):** accord
- **adiós:** au revoir
- **apellido (el):** nom de famille (attention : en espagnol, *el nombre* = le prénom)
- **asturiano(a):** asturien(ne)
- **blanco(a):** blanc(he)
- **¡Bravo!:** bravo!
- **color (el):** couleur
- **corbata (la):** cravate
- **¿cuál?:** quel(le) ? lequel ? laquelle ?
- **de:** de
- **¿dónde?:** où ?
- **en (Madrid):** à (Madrid), en, dans
- **escribir:** écrire
- **estamos:** nous sommes
- **euro (el):** euro
- **ganas (v. *ganar*):** tu gagnes
- **gracias:** merci
- **hola:** salut
- **(me) llamo:** je m'appelle
- **(te) llamas:** tu t'appelles
- **mis:** mes
- **negro(a):** noir(e)
- **pero:** mais
- **pierdes:** tu perds
- **por favor:** s'il te/vous plaît
- **pregunta (la):** question
- **¿qué?:** que ? quoi ? quel ?
- **retraso (con):** (en) retard
- **se escribe:** ça s'écrit
- **segunda (la):** la seconde
- **segundo (el):** le second
- **son:** (ils/elles) sont
- **tu:** ton, ta
- **verde:** vert(e)
- **vivo:** j'habite
- **y:** et
- **zapato (el):** chaussure

Maîtriser les sons

Lorsqu'un mot de plus d'une syllabe finit par une voyelle, un *-n* ou un -s, l'accent tonique est placé sur l'avant-dernière syllabe.
Exemples : *estupendo, la hora, buenos*
Les mots qui ne suivent pas ces règles portent un accent écrit qui indique la syllabe ou la voyelle à accentuer.
Exemples : *el corazón* (le cœur), *el teléfono*

a. adiós
b. pero
c. zapatos
d. primera
e. pregunta
f. estás
g. corbata

Maîtriser les sonorités de la phrase

Entraînez-vous à lire ces questions.

a. ¿Cómo te llamas?
b. ¿De dónde eres?
c. ¿Cuál es la primera pregunta?
d. ¿De qué color es mi corbata?

EXPRESSIONS

- **¿Cómo te llamas?** → Comment tu t'appelles ?
- **Me llamo...** → Je m'appelle...
- **¿De dónde eres?** → D'où es-tu ?
- **¿Verdad?** → n'est-ce pas ? (Ne pas confondre avec *la verdad* : la vérité)
- **Lo siento.** → Je suis désolé(e).
- **De acuerdo** → D'accord
- **Hasta luego...** → À bientôt...

GRAMMAIRE 1

Le verbe être (conjugaison au pluriel)

ser

- *(Nosotros/as)* **somos** → nous sommes
- *(Vosotros/as)* **sois** → vous êtes
- *(Ellos/ellas/ustedes)* **son**
→ ils/elles – vous (de politesse pluriel) sont

estar

- *(Nosotros/as)* **estamos**
→ nous sommes
- *(Vosotros/as)* **estáis** → vous êtes
- *(Ellos/ellas/ustedes)* **están**
→ ils/elles – vous (de politesse pluriel) sont

! Quand on vouvoie plusieurs personnes, on emploie le pronom *ustedes*.
Le verbe est conjugué comme la 3e personne du pluriel.

S'ENTRAÎNER

1 Complétez avec le verbe être, en utilisant soit **ser**, soit **estar**.

a. (Yo) Soy asturiana.
b. Ellas son españolas.
c. Mi nombre es Sara.
d. Las mujeres están contentas.
e. Es la verdad.
f. (Vosotros) Sois de Sevilla.
g. Tu apellido es Florida.
h. Los zapatos son negros.

GRAMMAIRE 2

La négation

Pour faire une phrase négative, on place **no** devant le verbe.

- Sara **no es** de Madrid.
→ Sara **n'est pas** de Madrid.
- Los zapatos **no son** negros.
→ Les chaussures **ne sont pas** noires.

GRAMMAIRE 3

Le pluriel des mots

A) Les noms et les adjectifs

Pour former le pluriel des noms et des adjectifs féminins ou masculins qui se terminent par une voyelle, on rajoute un **-s**.

- el zapato → los zapato**s**
- la pregunta → las pregunta**s**
- un teléfono → unos teléfono**s**
- una corbata → unas corbata**s**
- blanco → blanco**s** – blanca → blanca**s**

Lorsque les noms et les adjectifs se terminent par une consonne ou un **-y**, on rajoute **-es**.

- el colo**r** → los colo**res**
- la muje**r** → las muje**res**
- mejor → mejo**res**
(meilleur(e) → meilleurs/meilleures)

B) Les articles

Les articles qui précèdent les noms s'accordent avec eux en genre et en nombre, au singulier comme au pluriel.

– définis

	Singulier	Pluriel
Masculin	**el**	**los**
Féminin	**la**	**las**

– indéfinis

	Singulier	Pluriel
Masc.	**uno**	**unos**
Fém.	**una**	**unas**

S'ENTRAÎNER

2 Mettez les phrases au pluriel.

a. La corbata es verde.

Las corbatas son verdes.

b. Estoy tranquilo. *(calme)*

Estamos tranquilos.

c. La pregunta es interesante. *(intéressante)*

Las preguntas son interesantes.

d. La mujer es española.

Las mujeres son españolas.

e. El juego es difícil. *(difficile)*

Los juegos son difíciles.

f. El zapato no es negro.

Los zapatos no son negros.

g. ¿Está contenta?

¿Están contentas?

Résultats page 142

Les pronoms personnels sujets

yo: je
tú: tu
él: il
ella: elle
usted: vous (de politesse)
nosotros/as: nous
vosotros/as: vous
ellos: ils
ellas: elles
ustedes: vous (de politesse)

Test 1

1 Complétez le dialogue suivant avec les mots manquants.

– ¿Cómo te llamas ?

– Me llamo Sara.

– ¿ De dónde eres?

– Soy asturiana."

2 Les mots que vous avez rencontrés sont dans le désordre. Rétablissez la phrase en faisant attention à la forme affirmative, interrogative ou négative.

a. de / Madrid / soy / .

Soy de Madrid.

b. Madrid / son / no / de / .

No son de Madrid.

c. en / Víctor / está / la televisión / .

Victor está en la televisión.

d. ¿ / dónde / eres / de / ?

¿De dónde eres?

e. diezeuros / ganamos / .

Ganamos diezeuros.

f. contentos / están / ?

¿Están contentos?

g. ¿ / primera / pregunta / la /cuál / es / ?

¿Cuál es la primera pregunta?

h. mis /no / son / zapatos / negros.

Mis zapatos no son negros.

3 Présentez-vous !

Dites comment vous vous appelez et dites où vous habitez.

4 Remplissez cette fiche de renseignements.

Indiquez votre nom, votre prénom (*nombre*), votre adresse (*dirección*) et votre numéro de passeport (*número de pasaporte*).

Hotel Riego 34, avenida de la República Apartado 36 Madrid	TEL. 00 91 337 83 83 e-mail: juan@riego.es
Nombre	F
Apellido	Z
Dirección	
Número de pasaporte	

Oral

1. Épelez avec l'alphabet.

Pour épeler votre nom, par exemple au téléphone, il est utile de connaître ce code.

Il existe trois lettres supplémentaires en espagnol : le **ll** (appelé ***la elle***), le **ch** (appelé ***la che***) et le **ñ** (appelé ***la eñe***). Attention : le **w** ne sert qu'à transcrire les mots d'origine étrangère.

A [a] de Alfa
B [bé] de Bravo
C [cé] de Canadá
CH [tché] de Chocolate
D [dé] de Delta
E [é] de Eco
F [effè] de Florida
G [gé] de Golf
H [atché] de Hotel (en espagnol le « h » est toujours muet : hoy se prononce [oï])
I [i] de India
J [jota] de Japón
K [ka] de Kilo
L [ellé] de Lima
LL [eillé] de Llama
M [emmè] de Madrid
N [ennè] de Nancy
Ñ [ègné] de Ñu
O [o] de Oscar
P [pé] de Papa
Q [cou] de Québec
R [erré] de Radio
S [essé] de Sierra
T [té] de Tango
U [ou] de Unión
V [oubé] de Víctor
W [oubé doblé] de Whiske
X [èquis] Equis
Y [igrièga] de Yanqui
Z [ceta] de Zulo

2. Maintenant, épelez votre prénom, votre nom, et celui d'une autre personne. Puis épelez votre adresse (nom de la rue, nom de la ville).

3. Les mots suivants contiennent le même son que les chiffres ci-dessous. Répétez-les.

a. uno: turista, el minuto
b. dos: ¡Por Dios!
c. tres: el mes, estar, francés
d. cuatro: cuál, cuarto, guardia
e. cinco: cita, francés
f. seis: peine, reina
g. siete: bienvenida, invierno pierna
h. ocho: leche, chocolate, muchacho
i. nueve: bueno, pues, luego
j. diez: pez, lápiz, Velázquez

Expressions

- Enchanté(e) de faire votre connaissance. → **Encantado(a) de conocerlo/la.**
- À demain. → **Hasta mañana.**
- Bonjour. → **Buenos días.**
- Bonsoir. → **Buenas tardes.**
- Bonne nuit. → **Buenas noches.**
- Au revoir. → **Hasta luego, hasta pronto, adiós.**

Résultats page 142

Clin d'œil sur...

la diversité linguistique et l'autonomie régionale

■ L'Espagne actuelle est une fédération de 17 communautés, plus ou moins autonomes vis-à-vis du pouvoir central. Cinq possèdent un régime spécial et bénéficient de très larges pouvoirs.

■ La langue officielle est le castillan, et quatre autres langues ont un statut de co-officialité : le catalan, le basque, le galicien et l'aragonais. S'y ajoutent d'autres langues reconnues par la loi et de nombreux dialectes.

■ La Constitution espagnole stipule que « la richesse des différentes formes linguistiques d'Espagne est un patrimoine culturel qui fera l'objet d'un respect spécial et d'une protection. »

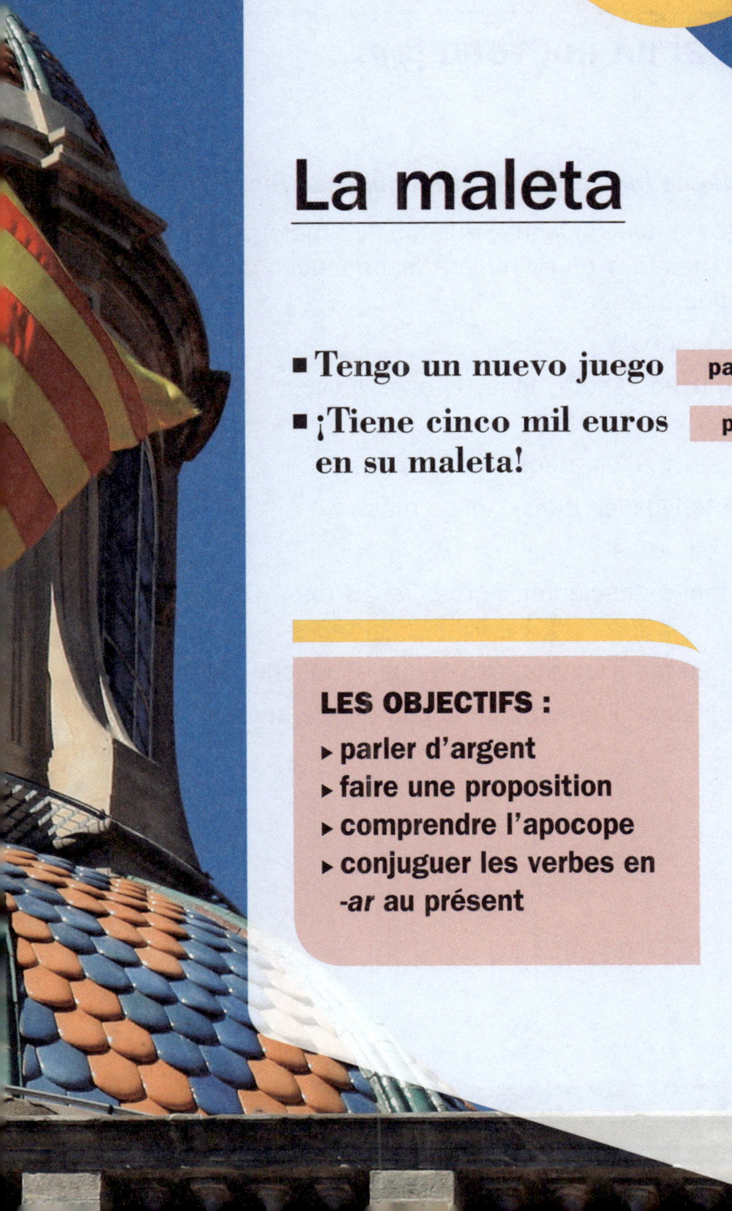

SÉQUENCE 2

La maleta

- Tengo un nuevo juego page 22
- ¡Tiene cinco mil euros en su maleta! page 26

LES OBJECTIFS :

- parler d'argent
- faire une proposition
- comprendre l'apocope
- conjuguer les verbes en *-ar* au présent

3

Tengo un nuevo juego

J'ai un nouveau jeu…

Juan et sa collègue Inés présentent un nouveau jeu.

Juan: Hoy tengo un nuevo juego. Se llama "La maleta". Mira, aquí tengo una maleta, y en mi maleta tengo mucho dinero… Inés, ¿cuánto dinero tengo?

Inés: ¡No tengo ni idea!

Juan: Bueno, mucho. Ahora, Inés, intenta adivinar, ¿cuánto tengo?

Inés: Oh, no lo sé… ¿cien euros?

Juan: ¡Error! no tengo cien euros, tengo más.

Inés: ¿Doscientos euros?

Juan: ¡No! No tengo doscientos euros. Tengo más. ¡Tengo… cinco mil euros!

Inés: ¡Cinco mil euros! ¡Hombre, eso sí que es mucho dinero!

Juan: ¡Sí! ¿Estás lista? Llamemos a la primera persona.

VOCABULAIRE

- **¿cuánto?:** combien ?
- **adivinar:** deviner
- **ahora:** maintenant
- **aquí:** ici
- **bueno:** bon, bien
- **cien, ciento:** cent
- **dinero (el):** argent (toujours singulier)
- **doscientos:** deux cents
- **idea (la):** idée
- **intenta (v. *intentar*):** essaye
- **listo(a):** prêt(e)
- **llamemos (v. *llamar*):** appelons
Attention à la construction avec **a**.
- **lo:** le (pronom neutre)
- **maleta (la):** valise
- **más:** plus
- **mil:** mille
- **mira (v. *mirar*):** regarde
- **mucho:** beaucoup
- **nuevo(a):** nouveau, nouvelle
- **persona (la):** (la) personne
- **sé (v. *saber*):** je sais
- **se:** se
- **tengo (v. *tener*):** j'ai

Maîtriser les sons

La lettre **j** en espagnol (appelée *jota*) est un son hérité de l'arabe. Elle n'a pas d'équivalent en français. Elle se prononce comme le **ch** guttural allemand (*achtung*).

a. juego
b. Juan
c. joven (*jeune*)
d. rojo
e. jardín
f. jueves
g. jamón

Maîtriser les sonorités de la phrase

En espagnol, la forme interrogative est fortement marquée.

a. ¿Cómo te llamas?
b. ¿De dónde eres?
c. ¿Cuánto dinero tengo?
d. ¿Doscientos euros?
e. ¿Estás lista?

EXPRESSIONS

- **¡No tengo ni idea!**
→ Je n'en ai aucune idée.
- **No lo sé.**
→ Je ne sais pas.
- **¡Error!**
→ Faux !
- **¡Hombre!**
→ Ça alors ! (*littéralement* : Homme !)
- **¡Eso sí que es...!**
→ Ça, c'est vraiment...!

GRAMMAIRE 1

Les adjectifs

A) Règle générale

En espagnol, les adjectifs se placent généralement comme en français. Ils s'accordent en genre et en nombre avec le nom qu'ils complètent.

– Les adjectifs qui se terminent par -o font leur féminin en -a.

- blanc**o**/blanc**a** → blanc/blanche
- buen**o**/buen**a** → bon/bonne

– Les adjectifs terminés par une consonne ou par une autre voyelle que -o ont la même forme au masculin et au féminin.

- Un problema/una solución **fácil**
→ un problème/une solution **facile**
- Un niño/una niña **inteligente**
→ un garçon/une fille **intelligent[e]**

– Revoyez le pluriel chapitre 2

B) Exceptions

– Les adjectifs de nationalité font leur féminin en -a et perdent l'accent écrit.

- *alem**án**/alem**ana***.

C) L'apocope

L'apocope est la disparition de la partie finale d'un mot : certains adjectifs perdent une voyelle ou une syllabe devant un nom masculin.

– Les adjectifs *bueno*, *malo* (mauvais), *uno*, *primero*, *segundo*, *ninguno* (aucun) perdent le -o final.

– L'adjectif grande perd le -de final.

– L'adjectif ciento perd le -to final.

- No tengo **cien** euros.
→ Je n'ai pas **cent** euros.

S'ENTRAÎNER

1 Ajoutez l'adjectif entre parenthèses à la phrase.

a. La persona es ______________. *(grande: grande)*

b. ¿Es la ______________ mujer de Asturias? *(primero/a)*

c. Tengo una maleta ______________. *(azul: bleu[e])*

d. Tenemos un tiempo ______________. *(estupendo/a)*

e. Es un juego ______________. *(fantástico/a)*

f. ¿Estás lista? ¡Ahora intenta la ______________ pregunta! *(segundo/a)*

g. Mi hermana es ______________. *(chiquito/a)*

h. Sara es una mujer ______________. *(joven: jeune)*

2 Choisissez quel adjectif ajouter.

a. Es mi ______________ día en Madrid. *(primero/primer)*

b. Es un ______________ día. *(bueno/buena/buen)*

c. Eres una mujer ______________. *(francés/francesa)*

d. Tengo ______________ euros. *(ciento/cien)*

e. Estamos con un ______________ retraso. *(grande/gran)*

GRAMMAIRE 2

Le verbe avoir

A) Les deux verbes avoir

Comme pour le verbe être, il existe deux verbes avoir : tener et haber.

– Le verbe haber est un auxiliaire : il sert essentiellement à la formation des temps composés.

– Le verbe tener exprime l'idée de possession au propre comme au figuré.

▪ **Tengo** un nuevo juego.
→ **J'ai** un nouveau jeu.

B) Conjugaison

Tengo	j'ai
Tienes	tu as
Tiene	il/elle/vous de politesse (singulier) a
Tenemos	nous avons
Tenéis	vous avez
Tienen	ils/elles/vous de politesse (pluriel) ont

! Attention à l'accent à la 2e personne du pluriel. On le retrouve pour la plupart des verbes réguliers au présent.

S'ENTRAÎNER

3 Répétez les questions.

a. ¿Qué color tiene?
b. Usted, ¿qué maleta tiene?
c. ¿Cuánto dinero tiene?
d. ¿Quién está en la radio?

4 Complétez avec le verbe tener.

a. (Yo) ______ una maleta azul (*bleu*).
b. (nosotros) ______ pantalones (*pantalon*) nuevos.
c. (usted) ______ un tiempo estupendo en Madrid.
d. Inés ______ un buen juego.
e. Las mujeres ______ zapatos negros.
f. (Tú) ______ una radio buena.

5 Dites le contraire à l'aide de la négation no.

➔ *Soy de Madrid.* → ***No soy de Madrid.***

a. Soy de Asturias.
______
b. Tengo una radio.
______
c. Tienes zapatos nuevos.
______
d. Tiene una corbata nueva.
______
e. La mujer tiene una maleta.
______

Résultats page 142

+ Les couleurs

blanco/a: blanc(he)
negro/a: noir(e)
rojo/a: rouge
azul: bleu(e)
verde: vert(e)
amarillo/a: jaune
marrón: marron
violeta: violet(te)
naranja: orange
rosa: rose

4

¡Tiene cinco mil euros en su maleta!

Il a 5000 euros dans sa valise !

Juan et Inés téléphonent aux auditeurs.

Juan: Ahora, Inés, dame los números de teléfono, por favor. Es increíble: ¡hay tantos números en la lista! Llamemos a Ovidio Díaz. Tengo el 2 – 3 –4– 4 – 0 – 5, ¿tienes el mismo número? ¿Ovidio está en casa? No hay nadie. ¡Qué pena!

Inés: No importa. Intentemos otro número de teléfono. Aquí tengo: 5 – 3 – 3 – 0 – 0 – 2... ¿Oiga? Soy Inés de la radio. ¿Cómo se llama usted?

Señora: ¡Hola! me llamo Rita, de Sevilla. Adoro *Radio Es mi planeta*.

Inés: Muchas gracias, Rita. Escuche, Juan tiene una maleta con dinero dentro. ¿Cuánto...

Rita: Lo sé. Y también sé que Juan tiene 5000€ en su maleta.

Inés: ¡Bravo, Rita! Gana 5000€.

VOCABULAIRE

- **adoro (v. *adorar*):** j'adore
- **casa (la):** maison
- **con:** avec
- **dar:** donner (irrégulier)
- **dentro:** dedans, à l'intérieur
- **el mismo/la misma:** le / la même
- **escuche (v. *escuchar*):** écoute
- **hay:** il y a
- **increíble:** incroyable
- **intentemos (v. *intentar*):** essayons
- **lista (la):** liste
- **nadie:** personne
- **número (el):** numéro
- **oiga:** allô
- **otro (a):** un(e) autre
- **que:** que (pronom relatif, conjonction de subordinnation)
- **radio (la):** radio
- **Sevilla:** Séville
- **su (sus):** son/sa (ses)
- **teléfono (el):** téléphone
- **también:** aussi
- **tanto/a:** tant, tellement

Maîtriser les sons

L'espagnol possède trois lettres de plus que l'alphabet français : ch, ll et ñ.
- [ch] se prononce comme le « tch » de tchèque : *el chocolate* (le chocolat).
- [ll] se prononce comme le « lle » de famille : *llamar* (appeler).
- [ñ] correspond à notre « gn » : *niña* (la fille).

a. España, mañana
b. niño, español
c. apellido, amarillo
d. Sevilla, paella
e. churros, mucho

Maîtriser les sonorités de la phrase

Rappelez-vous qu'en espagnol tous les mots portent un accent tonique sur une syllabe. Entraînez-vous avec ces phrases.

a. Es increíble, ¡hay tantos números!
b. ¡Hola, me llamo Rita!
c. ¿Tienes el mismo número?
d. Juan tiene una maleta con dinero.
e. ¡Bravo, Rita! Gana 5000€.

! EXPRESSIONS

- **Dame…** → Donne-moi…
- **en casa** → à la maison
- **¡Qué pena!** → Quel dommage !
- **No importa.** → Cela n'a pas d'importance.
- **Muchas gracias** → Merci beaucoup.

GRAMMAIRE 1

Il y a

En espagnol, la tournure impersonnelle « il y a » se dit hay (de l'auxiliaire haber), sauf pour indiquer une durée.

- **Hay** tantos números en la lista.
→ **Il y a** tant de numéros sur la liste.
- **No hay** nadie. → **Il n'y a** personne.

S'ENTRAÎNER

1 Comment diriez-vous en espagnol ?

a. Il y a une cravate rouge dans la valise.

____

b. Il y a deux chaussures noires.

____

c. Y a-t-il beaucoup d'argent ici ?

____

d. Il n'y a pas d'erreur.

____

e. Il y a tant à dire !

____

f. Il y a beaucoup de numéros.

____

GRAMMAIRE 2

Le présent des verbes en *-ar*

En espagnol, comme en français, les verbes se divisent en trois groupes de conjugaison, en fonction de la terminaison de leur infinitif : verbes en -ar, en -er et en -ir.

intentar (essayer)

intent**o** → j'essaye

intent**as** → tu essayes

intent**a** → il/elle–vous polit. sing. essaye

intent**amos** → nous essayons

intent**áis** → vous essayez

intent**an** → ils/elles–vous polit. pl. essayent

Pour les verbes pronominaux, on ajoute devant le verbe des pronoms réfléchis.

llamarse (s'appeler)

me llam**o** → je m'appelle

te llam**as** → tu t'appelles

se llam**a** → il/elle–vous polit. sing. s'appelle

nos llam**amos** → nous nous appelons

os llam**áis** → vous vous appelez

se llam**an** → ils/elles–vous polit. pl. s'appellent

Toutefois de nombreux verbes ont des conjugaisons irrégulières.

S'ENTRAÎNER

2 Complétez avec le verbe conjugué.

a. Rita ______________ la radio. *(adorar)*

b. ¿Cómo te ______________? *(llamar)*

c. (Nosotros) ______________ otro número. *(intentar)*

d. Ellos ______________ a la pregunta. *(contestar: répondre)*

e. (Ella/él) se ______________ mucho. *(mirar)*

f. (Usted) ______________ la pregunta. *(adivinar)*

g. La radio se ______________ *Radio Es mi planeta. (llamar)*

h. (Vosotros) ______________ la radio. *(escuchar)*

GRAMMAIRE 3

Les adjectifs possessifs

Ils s'accordent en genre et en nombre avec le nom qu'ils déterminent.

Singulier	
mon, ma	**mi**
ton, ta	**tu**
son, sa, votre (de politesse)	**su**
notre	**nuestro(a)**
votre	**vuestro(a)**
leur votre (de politesse)	**su**

Pluriel	
mes	**mis**
tes	**tus**
ses vos (de politesse)	**sus**
nos	**nuestros(as)**
vos	**vuestros(as)**
leurs vos (de politesse)	**sus**

S'ENTRAÎNER

Résultats page 143

3 Traduisez les phrases suivantes.

a. Ce sont vos jeux.

____

b. C'est ma femme.

____

c. Ce sont ses chaussures.

____

d. J'adore ta cravate.

____

e. Où es ta maison ?

____

f. Votre numéro de téléphone est le 06804081XX.

____

____

____

+ Les personnes

anciano(a) (un/una): personne âgée
bebé (un): bébé
chica (una): fille
chico (un): garçon
hombre (un): homme
joven (un/una): jeune
muchacha (una): fille
muchacho (un): garçon
mujer (una): femme
niña (una): petite fille
niño (un): petit garçon

Test 2

1 Demandez...

a. ...si Inés a la liste.

b. ...si Juan a le bon numéro.

c. ...si vous avez le bon numéro.

d. ...s'il y a beaucoup de questions.

e. ...si Rita est de Madrid.

f. ...si je suis à la maison aujourd'hui.

g. ...s'ils ont la bonne valise.

h. ...si je suis/si nous sommes prêt(e) / prêt(e)s.

2 Conjuguez ces verbes du premier groupe (verbes en *-ar*) au présent de l'indicatif.

a. Inés .... a la radio. *(llamar)*

b. Juan y Inés .... otro número de teléfono. *(intentar)*

c. (nosotros) .... en radio Es mi planeta. *(trabajar)*

d. ¿Rita .... la radio? *(adorar)*

e. (ellos) .... en la radio. *(cantar, chanter)*

f. (vosotros) .... a Rita. *(llamar)*

3 À l'aéroport

a. Donnez le numéro de votre vol en épelant les lettres et les chiffres.

AF 8011 – TA 2547 – IB 1195

b. Indiquez le numéro de votre passeport ou de votre carte d'identité.

4 Adresses

a. Épelez le nom de la ville où vous habitez et donnez son code postal.

b. Épelez le nom et donnez le code postal des villes suivantes :
08002. Barcelona
40119. Segovia
30395. Murcia
33987. Asturias

5 En voiture

a. Le numéro d'immatriculation *(número de la matrícula)* de ma voiture est : TE 120558.

Dites ce numéro à voix haute.

Puis écrivez et lisez à voix haute le numéro d'immatriculation de votre voiture, de la voiture de vos parents ou de votre ami(e).

b. Vous voulez laisser votre voiture chez un garagiste.

Remplissez cette fiche de renseignements : nom, adresse, numéro de votre permis de conduire *(permiso de conducir)* et immatriculation de la voiture *(matrícula)*. En remplissant cette fiche, dites les chiffres et les lettres en même temps à voix basse.

Auto servicio Calle Libertad, Oviedo TEL : 00 98 560 1218	
Apellido	
Dirección	
Número del permiso de conducir	
Número de la matrícula	

Oral

L'accent tonique

Vous avez vu dans les dialogues et dans les exercices que, dans certains mots qui comportent plusieurs syllabes, une syllabe est plus accentuée que les autres.

Répétez les mots en faisant attention à la place de l'accentuation.

muj<u>e</u>r, mal<u>e</u>ta, Ast<u>u</u>rias, nar<u>an</u>ja, amar<u>i</u>llo, mañ<u>a</u>na, fant<u>á</u>stico, h<u>oy</u>, cont<u>en</u>ta, br<u>a</u>vo, din<u>e</u>ro, n<u>ú</u>mero, Madr<u>id</u>, l<u>i</u>sto, estu<u>pen</u>do, ¡Int<u>e</u>ntemos!

Résultats page 143

Expressions

- Bravo, Rita! → **¡Bravo, Rita!**
- Quel dommage ! → **¡Qué pena!**
- Ça, c'est vraiment dommage ! → **¡Eso si que es una pena!**
- Je ne sais pas. → **¡No lo sé!**
- Bonjour, comment ça va? → **¿Hola, qué tal?**

Clin d'œil sur...

les prénoms

- Toutes les filles espagnoles ne s'appellent pas María, Dolores ou Carmen et tous les garçons ne portent pas des prénoms aussi évocateurs que Jesús ou José-Maria ! Dans ce domaine comme dans beaucoup d'autres, l'Espagne est entrée depuis 20 ans dans la modernité.

- Aujourd'hui, les prénoms espagnols à la mode sont Amalia, Inés, Rubén ou Estéban.

- Ce sont souvent aussi les prénoms des vedettes de cinéma, de télévision ou des personnages de séries américaines qui servent de modèles...

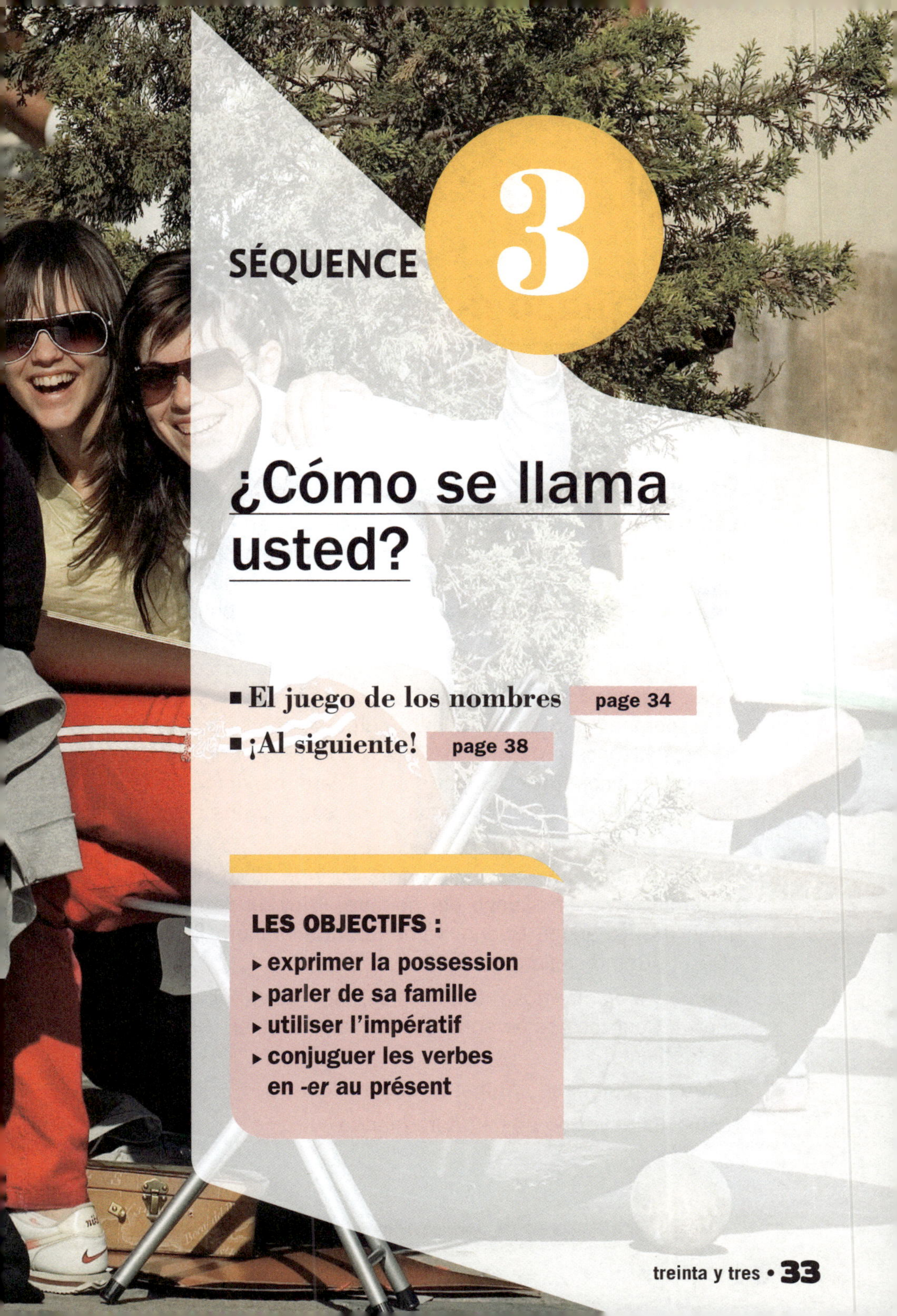

SÉQUENCE 3

¿Cómo se llama usted?

- El juego de los nombres page 34
- ¡Al siguiente! page 38

LES OBJECTIFS :

- exprimer la possession
- parler de sa famille
- utiliser l'impératif
- conjuguer les verbes en *-er* au présent

5

El juego de los nombres

Le jeu des prénoms

Les auditeurs appellent.

Esteban: Buenas tardes. Habla Esteban aquí en *Radio Es mi planeta*. Hoy viernes después de comer, empecemos un nuevo juego llamado juego del nombre. ¿Queridos oyentes, están listos?... Pero antes de empezar, una pausa publicitaria. ¡Sigan escuchando!

¿Tiene usted zapatos nuevos? ¿Sus zapatos nuevos están blancos? "Mis zapatos blancos están sucios. ¡Estoy desesperada!" No se desespere como Carmen porque sus zapatos blancos están sucios. ¡Para conservar siempre sus zapatos blancos, utilice Super Blanco! Para más información, llame al 800-212112. ¡Para conservar sus zapatos blancos: siempre Super Blanco!

Esteban: Después de este corto intermedio publicitario, volvamos a nuestro juego del nombre. Hoy, el nombre del juego es... Manuel. Bueno, vamos con la primera llamada. ¿Diga? ¿Cómo se llama usted?

Rosa: Me llamo Rosa Cascabeles, soy de Madrid. ¡Qué suerte! Conozco una persona que se llama Manuel. ¡Oh, estoy contentísima!

Esteban: ¡Estupendo, Rosa! ¿Quién es Manuel?

Rosa: ¡Es el vecino de mi futuro marido!

VOCABULAIRE

- **antes:** avant
- **comer:** manger
- **como:** comme
- **conozco *(v. conocer)*:** je connais (irrég.)
- **conservar:** conserver
- **contentísima:** très contente
- **corto(a):** court(e)
- **desperado(a):** désespéré(e)
- **después:** après
- **empecemos:** commençons (impératif)
- **empezar:** commencer (irrég.)
- **este(a):** ce(tte)
- **futuro(a):** futur(e)
- **información (la):** information
- **intermedio (el):** intermède
- **llamada (la):** appel
- **llamado(a):** appelé(e)
- **llame *(v. llamar)*:** appelez (impératif)
- **marido (el):** mari
- **no se desespere *(v. desesperarse)*:** ne vous désespérez pas (irrég.)
- **nombre (el):** prénom
- **oyente (el/la):** auditeur(-trice)
- **para:** pour
- **pausa (la):** pause
- **porque:** parce que
- **publicitario(a):** publicitaire
- **querido(a):** cher(chère)
- **siempre:** toujours
- **sucio(a):** sale
- **super:** super
- **utilice *(v. utilizar)*:** utilisez
- **vecino (el):** voisin
- **viernes (el):** vendredi
- **volvamos *(v. volver)*:** revenons (irrég., impératif)

Maîtriser les sons

En espagnol, comme en français, la lettre **c** se prononce de deux façons différentes. Devant les voyelles **a**, **o**, et **u**, elle se prononce comme le **k** français : ***café, cómo, Cuba***. Lorsqu'elle précède les voyelles **e** et **i**, la lettre **c** se prononce avec la pointe de la langue entre les dents : ***centro*** (centre), ***cine*** (cinéma).

a. acabar *(finir)*
b. ¿cuándo?
c. ciento
d. ¿cuál?
e. sucios
f. once *(onze)*

Maîtriser les sonorités de la phrase

En espagnol, on prononce toutes les lettres. Lisez ces phrases en vous entraînant à tout prononcer.

a. Empecemos un nuevo juego.
b. ¿Tiene usted zapatos nuevos?
c. ¿Están ustedes listos?
d. Mis zapatos blancos están sucios.
e. Volvamos a nuestro juego.
f. Conozco una persona que se llama Manuel.

! EXPRESSIONS

- **Buenas tardes** → Bonjour (l'après-midi)
- **queridos oyentes** → chers auditeurs
- **Antes de empezar…** → Avant de commencer…
- **Siga escuchando.** → Restez à l'écoute.
- **Vamos.** → Allons-y.
- **¡Qué suerte!** → Quelle chance !

GRAMMAIRE 1

Le présent des verbes en *-er*

Comer

(yo) com**o**	je mange
(tú) com**es**	tu manges
(él/ella/usted) com**e**	il/elle mange
(nosotros) com**emos**	nous mangeons
(vosotros) com**éis**	vous mangez
(ellos/ellas/ustedes) com**en**	ils/elles mangent

Se conjuguent par exemple sur ce modèle les verbes : beber (boire), convencer (convaincre), correr (courir), coger (prendre), corresponder (correspondre).

Rappel : usted et ustedes correspondent aux « vous » de politesse.

– Usted s'utilise lorsque l'on s'adresse à un seul interlocuteur que l'on vouvoie.

▪ Bonjour Monsieur, **mangez-vous** ce soir ?
→ ¿Buenos días señor, **come usted** esta tarde?

– Ustedes s'utilise lorsque l'on s'adresse à plusieurs interlocuteurs que l'on vouvoie.

▪ Bonjour Messieurs, **mangez-vous** ce soir ?
→¿Buenos días, señores, **comen ustedes** esta tarde?

S'ENTRAÎNER

1 Lisez les phrases puis traduisez-les en français.

a. ¡Como mucho!

b. La mujer bebe después de comer.

c. Comes en tu casa.

d. Los niños no comen chocolate.

e. Hoy comemos gratis. (*gratuitement*)

f. No bebéis.

g. Juan y Rita no beben.

GRAMMAIRE 2

L'impératif

A) Forme affirmative

On utilise l'impératif pour exprimer un ordre positif.

Impératif

intentar

intent**a**	essaie
intent**e**	essayez (polit. sing.)
intent**emos**	essayons
intent**ad**	essayez
intent**en**	essayez (polit. pl.)

B) Forme négative

Pour exprimer une interdiction avec un impératif négatif, on utilise le verbe au subjonctif précédé de la locution no.

Impératif négatif

No intent**es**	*n'essaie pas*
No intent**e**	*n'essayez pas* (polit. sing.)
No intent**emos**	*n'essayons pas*
No intent**éis**	*n'essayez pas*
No intent**en**	*n'essayez pas* (polit. pl.)

S'ENTRAÎNER

2 Vous voulez que quelqu'un fasse quelque chose. Dites-le à l'aide de la forme impérative en ajoutant por favor pour atténuer le ton péremptoire.

a. Appelle.

____

b. Commençons.

____

c. Utilisez Super Blanco. (forme de politesse pluriel)

____

d. Chantez.

____

e. Regarde.

____

f. Gardez vos chaussures blanches. (tutoiement)

____

____

g. Parlez. (forme de politesse singulier)

____

3 Complétez ces phrases qui expriment des interdictions en fonction de la personne indiquée au début de chaque phrase.

a. (nosotros) no ______________ un nuevo juego. *(empezar)*

b. (usted) no ______________. *(desesperarse)*

c. (tú) no ______________ a sus oyentes. *(llamar)*

d. (ustedes) ¡Para conservar siempre sus zapatos blancos, no ______________ Super Blanco! *(utilizar)*

e. (vosotros) no ______________ por favor. *(cantar)*

f. (nosotros) no ______________ al juego de la maleta. *(jugar, jouer)*

g. (tú) no ______________ radio Es mi planeta. *(escuchar)*

h. (usted) no ______________ después de la pausa publicitaria. *(hablar)*

Résultats page 143

Les nombres de 11 à 20

11: once	**16:** dieciséis
12: doce	**17:** diecisiete
13: trece	**18:** dieciocho
14: catorce	**19:** diecinueve
15: quince	**20:** veinte

6

¡Al siguiente!

Au suivant !

Rosa n'a pas compris le jeu. Un autre auditeur est en ligne.

Esteban: Lo siento, Rosa. El vecino de su futuro marido no es de su familia y es la condición para ganar. ¿Tiene alguien que se llame Manuel en su familia?

Rosa: No, pero hay cuatro nombres que empiezan por "Ma". Se trata de María, la hermana de mi tío, también Mari Carmen, que es la prima de mi hija, María Antonia, la mujer de mi primo, y también Marquisito, mi primo de Granada.

Esteban: Rosa, discúlpeme, pero no hay ningún Manuel en su familia. Lo siento mucho. Intentelo de nuevo la próxima semana. ¡Hasta pronto! ¿Otro oyente? ¡Hola! ¿Cómo se llama?

José María: Me llamo José María Zapico, y tengo un Manuel en mi familia. Mi padre se llama Manuel. Soy su hijo.

Esteban: ¡Estupendo! Su padre gana 100 euros de bonos para comprar en el Corte Inglés. Nos envía una fotocopia del DNI de su padre. Sin falta, ¡eh!

José María: ¡Muchísimas gracias! ¡Adiós! ...

VOCABULAIRE

- **alguien:** quelqu'un
- **bono (el):** bon d'achat
- **comprar:** acheter
- **condición (la):** condition
- **DNI (Documento Nacional de Identidad) (el):** carte nationale d'identité
- **el Corte Inglés:** chaîne de magasins (vêtements, accessoires, etc.)
- **empiezan (v. *empezar*):** commencent
- **envía (*v. enviar*):** envoyez
- **familia (la):** famille
- **fotocopia (la):** photocopie
- **Granada:** Grenade (ville du sud de l'Espagne)
- **hermano(a) (el/la):** frère / sœur
- **hijo(a) (el/la):** fils / fille
- **intentelo:** essayez-le
- **ninguno(a):** aucun(e) (s'apocope en *ningún*)
- **padre (el):** père
- **primo(a) (el/la):** cousin (e)
- **próximo(a):** suivant(e), prochain(e)
- **semana (la):** semaine
- **tío(a) (el/la):** oncle / tante

Maîtriser les sons

En espagnol la lettre **y** est considérée comme une consonne.
Entre deux voyelles, elle se prononce comme le son [**ll**] espagnol.
Elle se prononce **i** quand elle est précédée d'une voyelle à la fin d'un mot, ou avant une voyelle au début d'un mot.

a. playa *(plage)*
b. hoy
c. oyente
d. hay
e. desayuno *(petit-déjeuner)*
f. rey (roi)
g. y
h. yo

Maîtriser les sonorités de la phrase

En espagnol, de façon générale, toutes les lettres se prononcent et gardent toujours la même prononciation. Entraînez-vous avec les exemples suivants.

a. ¿Tiene alguien que se llame Manuel en su familia?
b. Mari Carmen es la prima de mi hija.
c. Me llamo José María Zapico.
d. Su padre gana cien euros de bonos.
e. Nos envía una fotocopia del DNI de su padre.

! EXPRESSIONS

- **¡Al siguiente!** → Au suivant
- **Se trata de…** → Il s'agit de…
- **de nuevo** → de nouveau
- **Discúlpeme.** → Excusez-moi.
- **¡Hasta pronto!** → À bientôt !
- **Muchísimas gracias.** → Merci mille fois.
- **¡Sin falta!** → Sans faute !

GRAMMAIRE 1

La négation

Vous avez vu qu'on utilise **no** devant le verbe pour construire une phrase négative.

No peut toutefois être supprimé lorsque le verbe est précédé d'un mot négatif.

Les mots négatifs les plus courants sont :

- **nada** → rien
- **nadie** → personne
- **ninguno(a)** → aucun(e) – s'apocope en *ningún*
- **nunca** → jamais
- **jamás** → jamais

S'ENTRAÎNER

1 Traduisez ces phrases négatives.

a. Je ne bois jamais.

______

b. Personne n'essaye.

______

c. Il n'a aucun jeu.

______

d. Rien n'est facile.

______

e. Personne n'écoute la radio.

______

f. Il ne parle avec aucune femme.

______

______

GRAMMAIRE 2

Exprimer la possession

A) Les adjectifs possessifs

En espagnol, il existe deux séries de possessifs :

- **mi, tu, su** qui se placent devant le nom ;
- **mío(a), tuyo(a), suyo(a)**.

Cette dernière forme se place toujours après le nom et marque davantage la possession. Elle s'utilise le plus souvent lorsqu'on s'adresse à quelqu'un sur un ton affectueux ou familier, ainsi que dans les interjections.

- Hijos **míos**… → **Mes** chers enfants…
- ¡Dios **mío**! → **Mon** Dieu !

Ces possessifs s'accordent en genre et en nombre avec le nom qu'ils déterminent.

	Singulier	Pluriel
à moi	*mío(a)*	*míos(as)*
à toi	*tuyo(a)*	*tuyos(as)*
à soi à vous (de politesse)	*suyo(a)*	*suyos(as)*
à nous	*nuestro(a)*	*nuestros(as)*
à vous	*vuestro(a)*	*vuestros(as)*
à eux, à elles à vous (de politesse)	*suyo(a)*	*suyos(as)*

B) La préposition de

La préposition **de** est utilisée pour exprimer le rapport d'appartenance ou de possession.

- La casa **de** Juan es muy grande.
→ La maison **de** Juan est très grande.

S'ENTRAÎNER

2 Mettez les éléments dans l'ordre pour composer une phrase.

a. ¡ / mío / hijo / come / !

b. blancos / suyos / son / los / zapatos/.

c. ¿ / radio/ esa / suya / es / ?

d. Miguel / tuyo / es / amigo / .

e. lo / es / jugar / suyo / .

f. son / no / nuestras / las / .

g. es / suyo / marido / Miguel / .

h. es / Carmen / suya / vecina / .

3 Transformez les phrases comme dans l'exemple.

➔ *Es la casa de Manuel.*
→ ***Es su casa.*** → ***Es la casa suya.***

a. Son los vecinos de Carmen.

b. Es el marido de Rosa.

c. Son los hijos de Esteban.

d. Soy la hermana de Rosa.

e. Somos las primas de Víctor.

f. Es el hijo de Sara.

Résultats page 144

Les jours

lunes: lundi
martes: mardi
miércoles: mercredi
jueves: jeudi
viernes: vendredi
sábado: samedi
domingo: dimanche

Test 3

1 Vous avez compris la pause publicité : *¡Para conservar sus zapatos blancos, usen Super Blanco!* Faites-en autant avec les éléments proposés.

a. *Super Negro* / conservar / sus zapatos nuevos *(utilízar)*

____

____

b. *Radio Es mi planeta* / ganar / 1000 euros *(escuchar)*

____

____

c. *el Talgo* / visitar / Madrid *(usar)*

____

____

d. *Cuisine Francesa* / probar / un nuevo menú *(llamar)*

____

____

e. *Super Coche* / conservar / un coche brillante *(comprar = acheter)*

____

____

f. vuestro nombre / recibir / información de Sevilla *(enviar)*

____

____

2 La famille de Juan
Quels sont les liens de parenté entre les différentes personnes ?

➔ *Juan / Paulina*

→ ***Juan es el hijo de Paulina. Paulina es la madre* (mère) *de Juan.***

Esperanza Iglesias + Esteban González || María Suárez + Manuel Fernández

↓ ↓

Julia (López) + Bienvenido – **Paulina** + Constante Fernández

↓ ↓

Ovidio – Marisa Juan – Helena

a. Constante / Manuel

b. Bienvenido / Esteban

c. Paulina / Constante

d. Bienvenido / Julia

e. Marisa / Juan

f. Paulina Fernández / Ovidio

g. Bienvenido / Juan

h. Ovidio y Marisa / Juan

i. Juan / Bienvenido

j. Helena / Paulina

3 Faites votre propre arbre généalogique.

Expliquez quels sont vos liens de parenté. Commencez chaque phrase par *Soy…*, ce qui vous permet également de vous présenter à quelqu'un.

➔ ***Soy el hijo de Juan.***

Oral

La voyelle “a”. Répétez ces mots que vous connaissez déjà. Ils comportent tous la voyelle “a”.

En espagnol, le “a” est ouvert, comme dans « papa » en français.

a. casa **b.** ¡Verdad! **c.** adorar **d.** lista **e.** idea **f.** pena **g.** aquí **h.** ahora **i.** más **j.** maleta **k.** hasta **l.** mañana **m.** habla **n.** idea **o.** muchas **p.** una **q.** ¿diga ? **r.** ¡hola!

Résultats page 144

Expressions

- Comment s'appelle-t-il ? → **¿Cómo se llama?**
- Désolé(e) ! → **¡Lo siento!**
- Je suis si contente ! → **¡Estoy tan contenta!**
- Au revoir ! À tout à l'heure. → **¡Hasta luego!**
- Quel dommage ! → **¡Qué pena!**

Clin d'œil sur...

Madrid

■ Située quasiment au centre géographique de la péninsule Ibérique, la capitale espagnole compte aujourd'hui près de 6,5 millions d'habitants, communauté autonome comprise.

■ La ville a entrepris un vaste programme de rénovation et d'urbanisation. De nouvelles lignes de métro et des projets architecturaux d'envergure accompagnent son extension monumentale et en font une capitale moderne et dynamique.

■ Centre culturel du pays, Madrid offre un foisonnement de spectacles. On peut admirer les chefs-d'œuvre de la peinture espagnole au musée du Prado et *Guernica*, le fameux tableau de Picasso, au musée de la reine Sophie.

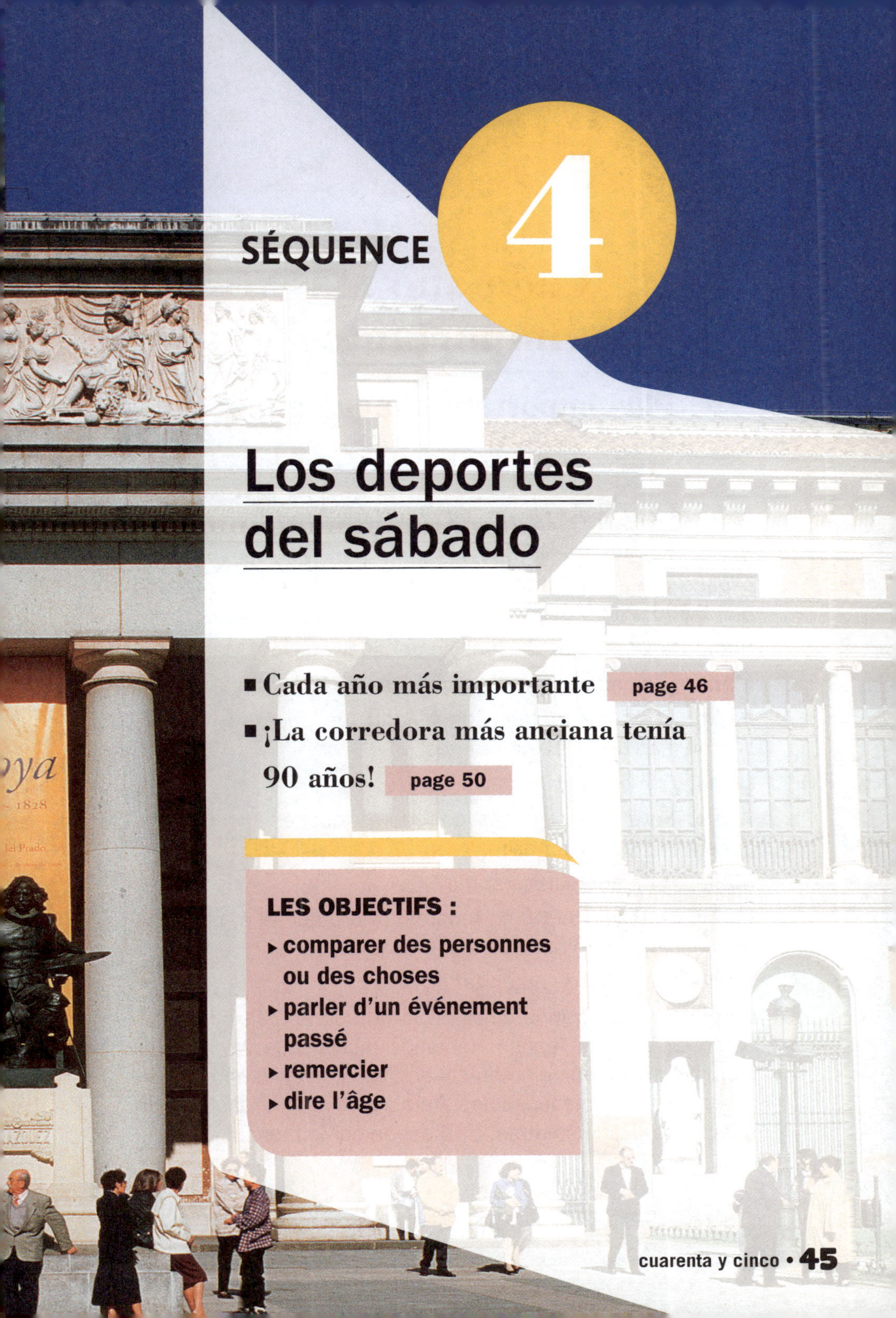

SÉQUENCE 4

Los deportes del sábado

- Cada año más importante page 46
- ¡La corredora más anciana tenía 90 años! page 50

LES OBJECTIFS :

- comparer des personnes ou des choses
- parler d'un événement passé
- remercier
- dire l'âge

7

Cada año más importante

Plus important chaque année

Et à présent, c'est l'heure du reportage sportif.

Mario Suárez: Habla Mario Suárez para *Los deportes del sábado.* Nuestro reportaje de hoy trata del maratón de mañana en Madrid. Pedro Canales es uno de los organizadores.

Pedro Canales: Muchas gracias por su invitación, Mario.

Mario: ¿Son muchos los participantes en la carrera?

Pedro: El primer maratón de Madrid fue un éxito rotundo. Fueron más de 7.700 corredores.

Mario: ¿Y mañana?

Pedro: Este año hay más corredores que el año pasado, esperamos un mayor éxito.

Mario: ¿Cuántos participantes?

Pedro: Más de 45.000 corredores. ¡Claro que el maratón no es más largo pero es cada año más importante!

Mario: ¿Es difícil de organizar?

Pedro: Bueno, es más difícil de lo que cree, más difícil que organizar un cumpleaños. Tenemos mucho que pensar. Por ejemplo, instalar un distribuidor de agua cada kilómetro, esos aparatos son indispensables. También debemos instalar un aseo cada dos kilómetros, 500 aseos por lo menos.

VOCABULAIRE

- **agua (la):** eau
- **año (el):** année
- **aparato (el):** appareil
- **aseo (el):** toilettes
- **cada:** chaque, tous les
- **carrera (la):** course
- **corredor (el):** coureur
- **cree (v. *creer*):** vous croyez (irrég.)
- **cumpleaños (el):** fête d'anniversaire (invariable)
- **debemos (v. *deber*):** nous devons (irrég.)
- **deporte (el):** sport
- **distribuidor (el):** distributeur (pl. *distribuidora*)
- **eso(a):** ce, cet(te)
- **esperar:** attendre
- **éxito (el):** succès
- **fue/fueron (v. *ser*):** ils/elles fut/furent
- **importante:** important(e)
- **indispensable:** indispensable
- **instalar:** installer
- **invitación (la):** invitation
- **kilómetro (el):** kilomètre
- **largo(a):** long(ue)
- **mañana:** demain
- **manifestación (la):** manifestation
- **maratón (el):** marathon
- **mayor:** plus grand
- **organizador (el/la):** organisateur
- **organizar:** organiser
- **participante (el/la):** participant(e)
- **pasado(a):** passé(e)
- **pensar:** penser (irrégulier)
- **reportaje (el/la):** reportage
- **rotundo(a):** retentissant(e)

Maîtriser les sons

En espagnol une voyelle suivie de la lettre n donne un son clair, qui n'est pas nasalisé. On prononce [an] comme le mot *panne* en français.

a. en
b. rotundo
c. ¿cuántos?
d. participantes
e. importante
f. pensar
g. instalar

Maîtriser les sonorités de la phrase

Toutes ces questions appellent une réponse en « oui » ou « non ». Lisez-les à voix haute.

a. ¿Trata el reportaje de hoy del maratón de mañana en Madrid?
b. ¿Son muchos corredores?
c. ¿Es difícil de organizar?
d. ¿Hay muchos distribuidores de agua?
e. ¿Fue el maratón un éxito rotundo?

EXPRESSIONS

- **¡Claro!**
→ Bien sûr !
- **Por ejemplo**
→ Par exemple
- **Por lo menos**
→ Au moins

GRAMMAIRE 1

Le comparatif de supériorité

A) Formation

En espagnol, on exprime « plus que » comme en français avec más (plus).

– Lorsque le deuxième terme de la comparaison est un nom ou un infinitif, il est introduit par la conjonction que.

▪ Este año hay **más** corredores **que** el año pasado.
→ Cette année, il y a **plus** de coureurs **que** l'année dernière.

– Lorsque le deuxième terme de la comparaison est un verbe conjugué, il est introduit par de lo que.

▪ Es **más difícil de lo que** cree.
→ C'est **plus difficile que ce que** l'on croit.

B) Les comparatifs irréguliers

grande → **mayor**	grand → **plus grand**
pequeño → **menor**	petit → **plus petit**
bueno → **mejor**	bon → **meilleur**
malo → **peor**	mauvais → **pire**

▪ Esperamos un **mayor** éxito.
→ Nous attendons un **plus grand** succès.

S'ENTRAÎNER

1 Complétez selon le modèle.

➔ *Víctor es joven. (Juan)*
→ ***Víctor es más joven que Juan.***

a. Mis zapatos negros están nuevos. *(mis zapatos marrones)*

____

____

b. El juego de Inés es difícil. *(el juego de Manuel)*

____

c. La corbata roja es grande. *(la verde)*

____

d. Hace (*il fait*) calor en Madrid. *(en Londres)*

____

e. Su madre es joven *(jeune)*. *(lo dices)*

____

f. ¿Está la mujer contenta ? *(Manuel)*

____

2 Complétez les phrases suivantes à l'aide de l'adjectif comparatif de supériorité proposé.

a. Carmen es ______________ que Maria. *(pequeña)*

b. Los zapatos rojos son ______________ que los zapatos verdes. *(grande)*

c. El primer maratón de Madrid es ______________ que el maratón de Londres. *(difícil)*

d. El juego de Inés es ______________ que el juego de Juan. *(malo)*

e. La corbata azul es ______________ que la corbata negra. *(larga)*

f. El chocolate es ______________ que el agua. *(bueno)*

GRAMMAIRE 2

Le passé du verbe être

En espagnol, le passé simple est le temps du passé le plus utilisé, même dans le langage parlé.

Ser

fu**i**	je fus
fu**iste**	tu fus
fu**e**	il / elle – polit. sing. fut
fu**imos**	nous fûmes
fu**isteis**	vous fûtes
fu**eron**	ils /elles – polit. pl. furent

- El primer maratón de Madrid **fue** un éxito rotundo.
→ Le premier marathon **fut** (eut) un succès retentissant.
- **Fueron** más de 7.700 corredores.
→ Ils **étaient** plus de 7 700 coureurs.

S'ENTRAÎNER

3 Transformez ces phrases en mettant le verbe *ser* au passé.

➲ *Es un éxito rotundo.*
→ ***Fue un éxito rotundo.***

a. Es el maratón de Londres.

b. Eres uno de los organizadores.

c. Son los nuevos juegos de la televisión.

d. Soy el primer participante.

e. Sois 7.700 corredores.

GRAMMAIRE 3

Les adjectifs démonstratifs

Il y a trois adjectifs démonstratifs, **este**, **ese**, et **aquel**.

On les utilise selon la proximité ou l'éloignement (temps et espace) :

	Singulier (ce/cet, cette)	Pluriel (ces)
très rapprochés	*este, esta*	*estos, estas*
position intermédiaire	*eso, esa*	*esos, esas*
loin	*aquel, aquella*	*aquellos, aquellas*

Ils s'accordent en genre et en nombre avec le nom qu'ils déterminent.

- **Este** año hay más corredores.
→ **Cette** année, il y a plus de coureurs.
- **Esos** aparatos son indispensables.
→ **Ces** appareils sont indispensables.

Résultats page 144

+ Le temps qu'il fait

Quel temps fait-il aujourd'hui ?
¿Cómo está el tiempo hoy?

Hace calor.	Il fait chaud.
Hace frío.	Il fait froid.
Hay sol.	Il y a du soleil.
Hay viento.	Il y a du vent.
Llueve.	Il pleut.
Nieva.	Il neige.

8

¡La corredora más anciana tenía 90 años!

La marathonienne la plus âgée avait 90 ans !

Le lendemain, c'est le grand jour.

Mario Suárez: Queridos oyentes, de nuevo con vosotros, Mario Suárez. Hoy estoy otra vez con Pedro Canales, cerca de la plaza Mayor, aquí en Madrid. ¿Pedro, dónde empieza exactamente el maratón?

Pedro: Hay tres salidas, con tres recorridos muy diferentes. Detrás de nosotros se encuentra el recorrido rojo. El recorrido verde se encuentra en la próxima calle, y el recorrido azul cerca de la plaza de la Cibeles. Es más fácil tener tres recorridos al empezar.

Mario: ¿Cuál es el lugar más agradable de la carrera?

Pedro: La vista más famosa es el kilómetro 6, delante de la Cibeles. Pero el mejor lugar es sin duda la plaza Mayor.

Mario: ¿Qué recorrido es el más difícil para los participantes?

Pedro: Pues, supongo que el último kilómetro es pesado, pero la calle de Alcalá es sin duda la calle más bella de Madrid.

Mario: ¿Qué edad tienen los corredores?

Pedro: Hay un recorrido especial para jóvenes deportivos. Paulina González fue la corredora más anciana en 2002: tenía 90 años.

VOCABULAIRE

- **al empezar:** au début
- **agradable:** agréable
- **anciano(a):** vieux, vieille
- **bello(a):** beau, belle
- **calle (la):** rue
- **cerca:** près
- **delante:** devant
- **deportivo(a):** sportif (-ive)
- **detrás:** derrière
- **diferente:** différent(e)
- **edad (la):** âge
- **empieza (v. *empezar*, irrég.):** il commence
- **especial:** spécial(e)
- **exactamente:** exactement
- **famoso(a):** fameux(-se), renommé(e)
- **joven, jóvenes:** jeune, jeunes
- **lugar (el):** endroit, lieu
- **pesado(a):** pénible
- **pues:** donc
- **recorrido (el):** parcours.
- **salida (la):** départ
- **se encuentra (v. *encontrar* (se), irrég.):** se trouve
- **supongo (v. *suponer*, irrég.):** je suppose
- **tenía (v. *tener*, irrég.):** elle avait
- **último(a):** dernier(-ère)
- **vista (la):** vue

LIEUX CÉLÈBRES

- **Plaza Mayor** → la plus belle place historique de Madrid
- **Plaza de la Cibeles** → place de la Cibèle, symbole de la capitale d'Espagne
- **Calle de Alcalá** → avenue prestigieuse du Madrid moderne

Maîtriser les sons

En espagnol les lettres b et v se prononcent pratiquement de la même façon. La prononciation est très proche de celle du b français. Entraînez-vous avec les exemples suivants.

a. de nuevo
b. vosotros
c. otra vez
d. la vista
e. el recorrido verde
f. la plaza de la Cibeles
g. la más agradable
h. la calle más bella de Madrid

Maîtriser les sonorités de la phrase

Entraînez-vous à dire une phrase de plus en plus longue en commençant par la fin.

a. recorridos diferentes
b. tres recorridos diferentes
c. con tres recorridos diferentes
d. tres salidas
e. tres salidas con tres recorridos diferentes
f. Hay tres salidas con tres recorridos diferentes.
g. Hoy, hay tres salidas con tres recorridos diferentes.

! EXPRESSIONS

- **de nuevo** → de nouveau
- **con vosotros** → avec vous
- **otra vez** → une autre fois, encore
- **sin duda** → sans doute
- **¿Qué edad tienen?** → Quel âge ont-ils ?

GRAMMAIRE 1

Exprimer « très » ou « extrêmement » + adjectif

A) L'emploi de *muy* + adjectif ou adverbe

Placé devant un adjectif ou un adverbe, **muy**, forme apocopée de **mucho**, est invariable et signifie : très, énormément.

- con tres recorridos **muy** diferentes.
→ avec trois parcours **très** différents.

B) Le suffixe *-ísimo(a)*

Les Espagnols utilisent beaucoup le suffixe **-ísimo(a)** pour intensifier la qualité exprimée. On remplace la voyelle finale de l'adjectif par **-ísimo(a)**.

- mucho → **muchísimo**
→ beaucoup → **énormément**

- bella → **bellísima**
→ belle → **très / extrêmement** belle

Si l'adjectif se termine par une consonne, on lui ajoute simplement **-ísimo :**

- *fácil* → **facilísimo**
→ facile → **très / extrêmement** facile

S'ENTRAÎNER

1 Ajoutez le suffixe *-ísimo(a)* à ces adjectifs et traduisez la forme obtenue.

➲ *querido* → ***queridísimo***

a. corto ______

b. anciano ______

c. importante ______

d. pesado ______

e. mucha ______

f. famosa ______

GRAMMAIRE 2

Le superlatif

Le superlatif se forme comme en français, en ajoutant un article avant le comparatif, et éventuellement **de**, ou **de que.**

- El recorrido azul es **el más difícil**.
→ Le parcours bleu est **le plus difficile.**

On n'ajoute pas d'article quand l'adjectif au superlatif est épithète d'un nom précédé d'un article.

- Alcalá es **la calle más bella de** Madrid.
→ Alcala est **la plus belle rue de** Madrid.

S'ENTRAÎNER

2 Donnez le comparatif et le superlatif des adjectifs suivants.

➲ *querido* → ***más querido***
→ ***el más querido***

a. pequeña ______

______

b. estupendo ______

______

c. importante ______

______

d. contenta ______

______

e. negro ______

______

3 Complétez à l'aide d'un comparatif ou d'un superlatif en fonction de l'élément donné entre parenthèses.

a. Mi hermana es bella. *(María)*

b. La plaza Mayor es famosa. *(de Madrid)*

c. ¿El recorrido rojo es grande? *(el recorrido azul)*

d. Un cumpleaños es fácil de organizar. *(un maratón)*

e. La pregunta de hoy es difícil. *(de todas) (de toutes)*

f. Soy un buen corredor. *(Juan)*

g. Paulina González es anciana. *(de la carrera)*

GRAMMAIRE 3

Demander et dire l'âge

En espagnol, il est possible, comme en français, d'utiliser le verbe avoir *(tener)*.

- ¿Qué edad **tiene**?
→ Quel âge **avez-vous** ?

On utilise également l'expression *¿Cuántos años tienes?* (= Combien d'années as-tu ?)

S'ENTRAÎNER

4 Traduisez en espagnol, en donnant les deux formules.

a. Quel âge a Juan ?

b. Quel âge as-tu ?

c. Quel âge avez-vous ? *(forme de politesse singulier)*

d. Quel âge ont-ils ?

Résultats page 145

Les mots interrogatifs

¿A quién?	À qui ?
¿Cómo?	Comment ?
¿Cuál?	Quel ?
¿Cuándo?	Quand ?
¿De quién?	À qui ?
¿Dónde?	Où ?
¿Por qué?	Pourquoi ?
¿Qué?	Que ? Quoi ? Quel(le) ?
¿Quién?	Qui ?

N'oubliez pas les accents ! Les mêmes mots ont un autre sens ou une autre fonction lorsqu'ils sont sans accent.

¿Cómo?	Comment ?
como	comme
¿Qué hora es?	Quelle heure est-il ?
Supongo que sí.	Je suppose que oui.

Test 4

1 Transformez comme l'exemple.

➲ *La segunda pregunta es difícil. (la primera pregunta)*
→ ***La segunda pregunta fue más difícil que la primera pregunta.***

a. El recorrido rojo es fácil. *(el recorrido azul)*

____

b. La calle de Alcalá es famosa. *(la plaza Cibeles)*

____

c. Los participantes del recorrido azul son jóvenes. *(los del recorrido rojo)*

____

d. El tiempo es estupendo en Madrid. *(en París)*

____

2 Transformez comme l'exemple.

➲ *La secunda pregunta es difícil.*
→ ***Esta segunda pregunta es dificilísima.***

a. El recorrido verde es pesado.

____

b. La plaza es famosa.

____

c. Las mujeres son jóvenes.

____

d. Los zapatos son negros.

____

Les nombres au-delà de 20

20 veinte	80 ochenta
30 treinta	90 noventa
40 cuarenta	100 cien, ciento
50 cincuenta	1000 mil
60 sesenta	un million : un millón
70 setenta	un milliard : mil millones

Entre 20 et 30, le nombre des unités est soudé au nombre : *veintiuno, veintidós, veintitrés, veinticuatro…*

À partir de 30 : on utilise y entre les dizaines et les unités (pour chaque tranche de trois chiffres).

▪ 138 : *ciento treinta **y** ocho* – 56 743 : *cincuenta **y** seis mil setecientos cuarenta **y** tres*

À partir de 200, les centaines s'écrivent en un seul mot.

▪ 227 : ***doscientos*** *veintisiete*

Les accords

Les nombres sont invariables, sauf les centaines qui sont toujours au pluriel et qui s'accordent avec le nom auquel elles se rapportent.

▪ *cuatrocient**as** paginas* (400 pages) – *doscient**os** litros* (200 litres)

Apocope de *uno* et de *ciento*

– Uno s'apocope en un devant un nom masculin et devant mil. Il s'accorde en una devant un nom féminin.

▪ ***veintiún*** *hombres,* ***veintiuna*** *mujeres*

– **Ciento** s'apocope en **cien** devant un nom et devant *mil*.

- **cien** días → cent jours

3 Quel âge ont-ils ?

➲ *Ovidio (30)* → ***Ovidio tiene treinta años.***

a. Paulina (93)

b. Luís (31)

c. Sara (23)

d. La prima de Sara (28)

e. La hermana de Juan (39)

4 Dites maintenant votre âge, l'âge de vos parents, de vos frères, soeurs, tantes, oncles, cousins, etc.

Oral

Lisez et écrivez ces chiffres en toutes lettres.

➲ ***2: dos – 22: veintidós – 222: doscientos veintidós***

a. 3 – 33 – 337

b. 5 – 55 – 584

c. 8 – 88 – 185

d. 2 – 12 – 26 – 261

e. 4 – 14 – 45 – 499

Résultats page 145

Expressions

Pour remercier quelqu'un, vous avez vu *Gracias por su invitación.*
On peut également utiliser un verbe à l'infinitif : *Gracias por* ***invitar*** *a mi tía.*

- Merci de votre reportage.
  → **Gracias por su reportaje.**
- Merci pour vos jeux.
  → **Gracias por sus juegos.**
- Merci de courir le marathon.
  → **Gracias por correr el maratón.**
- Merci d'organiser la course.
  → **Gracias por organizar la carrera.**

Clin d'œil sur...

l'économie

■ L'Espagne n'est plus un pays agricole et misérable. L'agriculture reste une source de richesse (premier producteur d'huile d'olive au monde), mais l'économie est aujourd'hui diversifiée.

■ L'Espagne est la 12e puissance économique mondiale et occupe le 5e rang au sein de l'Europe. En particulier grâce au tourisme, principale source de richesse du pays, sa croissance est l'une des plus importantes de l'Union européenne.

■ Toutefois, malgré une population active qui s'est accrue de 25 % en 10 ans, le taux de chômage reste relativement élevé et le tiers des salariés a un statut précaire.

SÉQUENCE 5

Es mi oficio

- Soy probadora de juegos page 58
- ¿No te da dolor de cabeza? page 62

LES OBJECTIFS :

- parler d'une habitude
- parler de son métier
- dire ce que l'on aime
- conjuguer les verbes en *-ir* au présent
- connaître le présent des verbes irréguliers

9

Soy probadora de juegos

Je suis testeuse de jeux

***Bienvenue à l'émission* Es mi oficio...**

Pedro Blanco: Es la hora de nuestra emisión *Es mi oficio*. Me llamo Pedro Blanco y hoy nuestra invitada se llama Angelina Calas. Hola Angelina. Dime, ¿cuál es tu oficio?

Angelina Calas: Pruebo videojuegos. Me gusta muchísimo, adoro mi trabajo.

Pedro: ¡Oh! Eso sí que es original. ¿Y en qué consiste?

Angelina: ¡Bueno, consiste en jugar! La empresa concibe juegos nuevos y después me los envía. Mi trabajo consiste en probarlos. Cuando un juego no es entretenido, sugiero cambios. Cuando descubro un fallo en el sistema, aviso a la empresa.

Pedro: ¿Hay muchas mujeres que trabajan como probadoras de videojuegos? Quiero decir: ¿es un oficio con mucho personal femenino?

Angelina: Voy a decirte la verdad: en el mundo de los videojuegos, hay más hombres que mujeres. Los chicos adoran los videojuegos. En mi casa por ejemplo, no sólo yo adoro los videojuegos, mi marido adora los videojuegos, mis dos hijos también, y mi padre es un verdadero aficionado, pero todos me consideran como una excelente jugadora.

VOCABULAIRE

- **aficionado (el):** amateur
- **avisar:** prévenir
- **cambio (el):** changement
- **considerar:** considérer
- **concibe (v. *concebir, irrég.*):** conçoit
- **consiste (v. *consistir*):** consiste
- **cuando:** quand
- **decir *(irrég.)*:** dire
- **descubro (v. *descubrir*):** je découvre
- **emisión (la):** émission
- **empresa (la):** entreprise
- **entretenido(a):** distrayant(e)
- **excelente:** excellent(e)
- **fallo (el):** erreur, défaillance
- **femenino(a):** féminin(e)
- **gustar:** plaire
- **invitado(a) (el/la):** invité(e)
- **jugador(a) (el/la):** joueur, joueuse
- **mundo (el):** monde
- **oficio (el):** métier
- **original:** original(e)
- **personal (el):** le personnel
- **probador(a) (el/la):** testeur (testeuse)
- **pruebo (v. *probar*, irrég.):** j'essaie, je teste
- **querer (irrég.):** vouloir, aimer
- **sistema (el):** système
- **sugiero (v. *sugerir*, irrég.):** je suggère
- **todo(a):** tout(e)
- **trabajar:** travailler
- **verdadero(a):** véritable
- **videojuego (el):** jeu vidéo
- **voy (v. *ir*, irrég.):** je vais

Maîtriser les sons

– La lettre g se prononce gu comme dans le mot « guerre » en français devant a, o, et u : *juego*, *jugadora*, *gustar*. Elle garde la même prononciation devant la lettre n : *ignorante* (ignorant).
– Lorsque le g est suivi de e ou de i, il se prononce comme la *jota (j)* espagnole : *sugiero*, *Angelina*.

a. ganamos, ¿diga?
b. segunda, ninguno
c. largísima, Gibraltar
d. tengo, larga
e. juego, jugador
f. gracias, agradable
g. segunda, lugar

Maîtriser les sonorités de la phrase

Répétez les phrases suivantes en faisant attention aux syllabes accentuées.

a. ¿Cuál es tu oficio?
b. Soy probadora de videojuegos.
c. ¿Y en qué consiste?
d. ¿Hay muchas mujeres que trabajan como probadoras de videojuegos?
e. Todos me consideran como una excelente jugadora.

EXPRESSIONS

- **Dime...** → Dis-moi...
- **Me gusta** → Ça me plaît.
- **¡Eso sí que es...!** → Ça, c'est...!
- **No sólo yo.** → Je ne suis pas le/la seul(e).
- **Quiero decir...** → Je veux dire...

GRAMMAIRE 1

Le présent des verbes en *-ir*

Subir (monter)

Sub**o**	Sub**imos**
Sub**es**	Sub**ís**
Sub**e**	Sub**en**

S'ENTRAÎNER

1 Complétez au présent simple avec les verbes donnés entre parenthèses.

a. ¿En que ____________ tu trabajo? *(consistir).*

b. (vosotros) ____________ en Madrid. *(vivir)*

c. Cuando ____________ un fallo en el sistema, aviso la empresa. *(descubrir)*

d. (tú) ____________ para radio Es mi planeta. *(escribir)*

GRAMMAIRE 2

Les pronoms compléments

A) Forme et place dans la phrase

Comme en français, les pronoms compléments ont des formes différentes selon la personne qu'ils représentent et leur fonction dans la phrase. Ils se placent en général avant le verbe.

Complément direct Ex : Il **les** regarde.	**Complément indirect** Ex : Il **leur** parle.
me	me
te	te
lo, la	le
nos	nos
os	os
los, las	les

! **Quand un complément est indirect, le nom est précédé d'une préposition. Mais le pronom qui le remplace ne l'est pas. Mais quand le nom est remplacé par un pronom, la préposition disparait.**

▪ **La empresa envía los juegos a Angelina / La empresa le envía los juegos.**
→ L'entreprise envoie des jeux à Angelina / L'entreprise lui envoie des jeux.

Lorsqu'un verbe est accompagné de deux pronoms:

– le pronom complément indirect se place toujours en premier.

▪ La empresa concibe juegos y **me los** envía.
→ L'entreprise conçoit des jeux et **me les** envoie.

– les pronoms indirect le et les se transforment en se.

▪ **Se** lo digo. → Je le **lui** dis.

S'il y a risque de confusion, on doit préciser :

▪ **Se** lo digo **a él/ella**. → Je le **lui** dis.

▪ **Se** lo digo **a usted**. → Je **vous** le dis.

B) Les pronoms soudés

Lorsque le verbe est à l'infinitif, à l'impératif ou au participe présent, les pronoms sont obligatoirement soudés à la fin du verbe.

▪ Mi trabajo consiste en **probarlos**.
→ Mon travail consiste à **les essayer**.

▪ Voy a **decirte** la verdad.
→ Je vais **te dire** la vérité.

La syllabe accentuée du verbe ne se déplace pas avec l'ajout du pronom : on la signale par un accent aigu à l'écrit.

▪ **Di**me.→ **Dí**melo.
→ Dis-moi.→ Dis-**le** moi.

S'ENTRAÎNER

2 Remplacez le nom entre parenthèses par un pronom selon le modèle.

➲ *La empresa envía (los juegos) a Angelina.* → ***La empresa los envía a Angelina.***

a. Empezamos *(la emisión).*

b. Gana *(la carrera).*

c. Llamo a *(los niños).*

d. Compro *(unas corbatas)* a Esteban.

e. Utilizo *(mis zapatos blancos).*

3 Remplacez le nom entre parenthèses par un pronom.

➲ *La empresa envía los juegos (a Angélina).* → ***La empresa le envía los juegos.***

a. Escribes *(a Carmen).*

b. Compramos una corbata *(a Esteban).*

c. Hablo *(con los chicos).*

d. Usted envía el dinero *(a Carmen).*

e. Compro un bono *(a Juan).*

f. Compran zapatos blancos *(a los niños).*

4 Remplacez le pronom soudé par le complément indiqué.

➲ *Adóralos (los juegos).*
→ ***Adora los juegos.***

a. Descúbrela. *(la calle)*

b. Cómpralos. *(los zapatos)*

c. Escríbelo. *(el apellido)*

d. Escuchémosla. *(la radio)*

e. Intentáis ganarlo. *(el juego)*

Résultats page 146

✚ Le verbe irrégulier *ir* (aller)

Présent	Impératif affirmatif	Impératif négatif
Voy	-	-
Vas	Ve	No vayas
Va	Vaya	No vaya
Vamos	Vamos	No vayamos
Vais	Id	No vayáis
Van	Vayan	No vayan

10

¿No te da dolor de cabeza?

Ça ne te donne pas mal à la tête ?

Les auditeurs veulent en savoir plus sur Angelina Calas...

Pedro: ¡Bueno! Angelina, tenemos muchos oyentes que quieren hablar contigo. La primera persona es Julia, de Barcelona.

Julia: Hola Angelina, ¿trabajas mucho?

Angelina: ¡Bueno!, depende del periodo del año. Las empresas suelen lanzar los nuevos juegos por Navidad. Así es que trabajo muchísimo de julio a octubre. Pero tengo poco que hacer en enero.

Pedro: Hay otra llamada para ti, Pablo de San Sebastián...

Pablo: ¿Cuántas horas trabajas al día?

Angelina: Por lo general, trabajo ocho horas diarias. Suelo probar juegos durante seis horas, y después escribo un informe para la empresa.

Pablo: ¡Seis horas! ¿Y no te da dolor de cabeza?

Angelina: No, siempre dejo de trabajar a la hora de comer y nunca trabajo por la noche.

Pedro: Ahora, otra llamada. Alicia de Valencia...

Alicia: ¿A tu marido le gusta el trabajo que haces?

Angelina: Adora mi trabajo porque consigue todos los nuevos juegos. Pero no le gusta en agosto porque a veces se va de vacaciones sin mí.

VOCABULAIRE

- **agosto:** août
- **al día:** par jour
- **bien:** bien
- **cabeza (la):** tête
- **consigue (v. *conseguir*, irrég.):** il obtient
- **contigo:** avec toi
- **da (v. *dar*, irrég.):** il/elle donne
- **dejar:** (ici) arrêter
- **depende:** cela dépend
- **diarias:** chaque jour
- **dolor (el):** douleur
- **durante:** durant
- **encantado(a):** enchanté(e)
- **enero:** janvier
- **hacer:** faire
- **informe (el):** rapport
- **julio:** juillet
- **lanzar:** lancer
- **Navidad (la):** Noël
- **noche (la):** nuit
- **octubre:** octobre
- **periodo (el):** période
- **poco:** peu
- **quieren (v. *querer*, irrég.):** ils/elles veulent
- **sin:** sans
- **sobre:** sur
- **solo(a):** seul(e)
- **suelo (v. *soler*, irrég.):** j'ai l'habitude de
- **vacaciones (las):** vacances
- **vez (la):** fois (pl. *veces*)
- **verano (el):** été

Maîtriser les sons

En espagnol, la lettre u se prononce comme le « ou » en français.
Dans les groupes guo, gua, on prononce le u, comme dans le mot « pingouin ».
Dans les combinaisons gue, gui, que et qui, le u reste muet et ne se prononce pas. Mais s'il porte un tréma, il se prononce.

a. bueno
b. ¿qué?
c. pausa
d. agua
e. aquí
f. utilizar
g. octubre
h. conseguir
i. después
j. Julia

Maîtriser les sonorités de la phrase

Entraînez-vous à dire ces phrases en respectant le rythme et les mots accentués.

a. Tenemos muchos oyentes.
b. Hola Angelina, ¿trabajas mucho?
c. Por lo general trabajo ocho horas diarias.
d. Suelo probar juegos durante seis horas.
e. Nunca trabajo por la noche.
f. ¿Y no te da dolor de cabeza?

EXPRESSIONS

- **dolor de cabeza** → mal à la tête
- **horas diarias** → heures par jour
- **por lo general** → en général
- **de vacaciones** → en vacances
- **A veces** → parfois

GRAMMAIRE 1

Le présent de quelques verbes irréguliers

dar	ver	querer	venir
donner	*voir*	*vouloir, aimer (bien)*	*venir*
doy das da damos dais dan	veo ves ve vemos veis ven	quiero quieres quiere queremos queréis quieren	vengo vienes viene venimos venís vienen

S'ENTRAÎNER

1 Complétez en conjuguant les verbes entre parenthèses.

➔ *Juan (ver) la carrera.*
→ ***Juan ve la carrera.***

a. *(Nosotros) (ver) la* plaza Mayor.

b. Los juegos me *(dar)* dolor de cabeza.

c. *(ellos) (querer)* ir de vacaciones.

d. *(él) (dar)* un bono a Sara.

e. *(tú) (ver)* el recorrido azul.

GRAMMAIRE 2

Les pronoms compléments avec préposition

Lorsque les pronoms compléments s'emploient après une préposition *(para, por, a, sin, contra, desde, en, de, ...)*, on utilise les mêmes formes que les pronoms personnels sujets, excepté pour yo et tú qui deviennent mí et ti.

- Pablo juega **con nosotros** por teléfono. → Pablo joue **avec nous** par téléphone.
- A veces va de vacaciones **sin mí**. → Parfois il va en vacances **sans moi**.
- Hay otra llamada **para ti**. → Il y a un autre appel **pour toi**.

Avec la proposition con (avec), les pronoms personnels des deux premières personnes se soudent avec la préposition.

Avec la préposition *sin*
▪ Je viens sans toi. → *Vengo **sin ti**.*
mí ti él, ella, usted nosotros vosotros ellos, ellas, ustedes

Avec la préposition *con*
▪ Il vient avec toi. → *Viene **contigo**.*
conmigo contigo con él, ella, usted con nosotros con vosotros con ellos, ellas, ustedes

S'ENTRAÎNER

2 Remplacez les mots entre parenthèses par les pronoms correspondants à la personne indiquée.

➲ *Vengo con (Juan).* → ***Vengo con él.***
➲ *Vengo con (tú).* → ***Vengo contigo.***

a. Como sin *(Carmen).*

b. Jugamos con *(los niños).*

c. Venimos sin *(tú).*

d. Trabajo para *(la empresa).*

e. Juega con *(yo).*

f. Venís sin *(Inés y Rosa).*

GRAMMAIRE 3

Les adverbes de fréquence : *siempre, nunca, a veces*

Ils servent à exprimer si quelque chose se passe toujours, jamais, parfois, etc. Ils se placent avant le verbe.

- **Siempre** dejo de trabajar a la hora de comer.
→ Je m'arrête **toujours** à l'heure du déjeuner
- **Nunca** trabajo por la noche. → Je ne travaille **jamais** la nuit.
- **A veces**, va de vacaciones sin mí. → **Parfois,** il part en vacances sans moi.

S'ENTRAÎNER

3 Traduisez les phrases suivantes.

a. Juan court toujours le samedi.

b. Ils ne vont jamais en vacances.

c. J'écoute quelquefois la radio.

d. Elle ne travaille jamais seule.

e. Parfois, Carmen va à Madrid pour Noël.

Résultats page 146

Les mois et les saisons

enero: janvier
febrero: février
marzo: mars
abril: avril
mayo: mai
junio: juin
julio: juillet
agosto: août
septiembre: septembre
octubre: octobre
noviembre: novembre
diciembre: décembre

primavera (la): printemps
verano (el): été
otoño (el): automne
invierno (el): hiver

Test 5

1 Traduisez en espagnol.

a. Quel est le métier de ta sœur ?

b. J'adore Madrid en juin.

c. Tu travailles à Madrid ?

d. Avons-nous besoin d'une liste ?

e. Nous ne connaissons pas ton frère.

f. Appelons Rosa à l'heure du déjeuner.

g. Mon père travaille dans une entreprise.

h. Quel est le numéro de téléphone de la radio *Es mi planeta* ?

i. Je teste toujours les meilleurs jeux vidéo.

j. Merci de prévenir notre entreprise tout de suite.

k. Combien de rapports écrivez-vous chaque jour ?

l. Nous n'allons jamais en vacances au mois d'avril.

2 Expliquez votre travail et celui de votre ami(e).

Où travaillez-vous ?

Combien d'heures travaillez-vous par jour ?

Travaillez-vous la nuit ?

Vous arrêtez-vous à l'heure du déjeuner ?

Travaillez-vous le samedi ?

____

Partez-vous en vacances en août ?

____

Quand partez-vous en vacances ?

____

3 **Voici une petite note que Angelina écrit à une amie. Complétez-la à l'aide des verbes *ir, dar, ver, querer, venir* au présent.**

Querida Helena,

En primer lugar ______________ *decirte que tengo un nuevo trabajo, soy probadora de videojuegos para una empresa americana. Como* ______________ *todo va bien para mí.*

Mi marido ______________ *a Madrid este verano.*

______________ *una conferencia sobre el maratón en la Grecia antigua.*

______________ *ver la plaza Mayor contigo*

¿Y tú cuándo ______________ *a vernos?*

Besos

Angelina

Vocabulaire

conferencia: conférence
Grecia antigua: Grèce antique
Besos: bises

Oral

Entraînez-vous à lire ces phrases qui comportent beaucoup de lettres g.

a. Me gusta el juego de Angelina.

b. Sugiero a Angelina un juego original.

c. Conseguimos ganar la carrera.

d. Gracias por tu carta muy agradable.

e. Quiero que alguien venga conmigo.

f. ¿Diga? Sí, voy enseguida.

g. En agosto, bebemos muchísima agua.

h. No es la segunda vez que viene conmigo.

Résultats page 146

Clin d'œil sur...

la cuisine espagnole

■ Essentiellement à base d'huile d'olive, la cuisine espagnole est très riche, avec de grandes différences gastronomiques entre les régions. Si la *paella* est le plat espagnol le plus connu, le *cocido*, pot-au-feu accommodé de mille façons, est le plus apprécié dans toute l'Espagne.

■ La *tortilla*, épaisse omelette de pommes de terre, est également servie aux quatre coins du pays; comme pour le *cocido*, chaque région a sa variante.

■ Au rayon des douceurs, les *churros*, sortes de bâtons de pâte à crêpe frits, se dégustent au petit déjeuner mais aussi au goûter avec un chocolat au lait le plus épais possible.

SÉQUENCE 6

¡La buena comida!

- Algunos secretos chinos page 70
- ¡Qué receta tan fácil! page 74

LES OBJECTIFS :

- suivre une recette
- dire la quantité
- exprimer un besoin, un manque ou un désir
- utiliser les adverbes de manière

11

Algunos secretos chinos

Quelques secrets chinois

Un invité venu de l'Orient...

Rosa: ¡Hola! Buenos días, soy Rosa Martínez y es la hora de la emisión *¡La buena comida!* Hoy, mi invitado se llama Zhang Song, jefe de cocina del restaurante "Dragón Imperial".

Zhang Song: Buenos días a todos los oyentes de *Radio Es mi planeta*. Gracias Rosa, por invitarme a *¡La buena comida!*

Rosa: De nada, vamos a ver. La receta de hoy es china y Zhang Song está aquí para enseñarnos todos sus secretitos.

Zhang Song: Bueno, solo unos poquitos. Sabe usted, la comida china es una de las más famosas del mundo.

Rosa: ¿Los chinos comen mucha carne?

Zhang Song: En comparación con los americanos, comemos poco, y no comemos tanta carne. En comparación con los japoneses, comemos muy poco pescado. Los chinos comen muchas verduras. Algunos dicen que es la razón por la cual somos pequeñitos y parecemos tan jovencillos. Pero, no somos tan pequeños, somos bastante grandes.

Rosa: ¿Y cuál es la receta del día?

Zhang Song: Sopa de tomate con huevos y albondiguillas. Es facilísimo de hacer. Pero cocínela solo si invita a pocos amiguitos, porque se pasa demasiado tiempo en pelar los tomatitos.

VOCABULAIRE

- **albondiguilla (la):** petite boulette de viande
- **alguno(a):** quelqu'un
- **americano(a):** Américain(e)
- **amiguito/a (el/la):** copain, copine
- **bastante:** assez, suffisamment
- **carne (la):** viande
- **chino(a):** Chinois(e) (nom et adj.)
- **cocina:** cuisine
- **cocinar:** cuisiner
- **comida (la):** nourriture, repas
- **comparación (la):** comparaison
- **demasiado:** trop
- **enseñar:** enseigner
- **huevo (el):** œuf
- **japonés(a):** Japonais(e) (nom et adj.)
- **jefe (el):** chef
- **jovencillo(a):** très jeune
- **nada:** rien
- **parecer:** paraître (irrégulier)
- **pasar:** passer
- **pelar:** éplucher
- **pequeñito(a):** très petit(e)
- **pescado (el):** poisson
- **razón (la):** raison
- **receta (la):** recette
- **restaurante (el):** restaurant
- **secretito (el):** petit secret
- **sopa (la):** soupe
- **tan:** aussi
- **tomate (el):** tomate
- **tomatito (el):** petite tomate
- **verdura (la):** légume vert

Maîtriser les sons

En espagnol, la lettre z, et la lettre c si elle est placée devant un i ou un e, se prononcent comme le ç en français en mettant la langue entre les dents.

a. razón
b. cocina
c. receta
d. hacer
e. comparación
f. entonces *(alors)*
g. otra vez
h. empezar
i. zapatos

Maîtriser les sonorités de la phrase

Entraînez-vous à dire ces phrases en respectant le rythme et les mots accentués.

a. Es la hora de la emisión *¡La buena comida!*
b. ¡Vamos a ver!
c. ¿Los chinos comen mucha carne?
d. Está aquí para enseñarnos todos sus secretitos.
e. Algunos dicen que es la razón por la cual somos pequeñitos.
f. ¿Cuál es la receta del día?

EXPRESSIONS

- **De nada**
→ de rien (pour un remerciement)
- **¡Vamos a ver!** → Voyons voir !
- **Solo unos poquitos**
→ seulement un petit peu
- **¿Sabe usted?** → Savez-vous ?
- **en comparación con**
→ en comparaison de

GRAMMAIRE 1

Les suffixes diminutifs

Les suffixes diminutifs sont extrêmement nombreux et les Espagnols en créent en permanence, parfois différents selon les régions. Ils donnent aux mots une signification affective très marquée, une idée de gentillesse et d'affection. Voici les plus courants et les principales règles de leur formation.

Terminaison	Diminutif	Exemples	Traduction
a, o, ou **consonne** sauf *n* ou r	– *ito(a)* – *illo(a)* – *uelo(a)*	*pequeño → pequeñ**ito*** *albóndiga → albondigu**illa*** *plaza → plaz**uela***	très petit petite boulette petite place
e, n, r	– *cito(a)* – *cillo(a)*	*hombre → hombre**cito*** *joven → joven**cillo***	petit homme jeune homme

Il faut apprendre les diminutifs pour savoir lequel employer.
Les diminutifs de prénoms sont également très usités: *Juan → Juan**ito**, Carmen → Carmen**cita***.

S'ENTRAÎNER

1 Transformez les phrases en supprimant le diminutif.

➔ *Juan es mi amiguito.*
→ ***Juan es mi amigo.***

a. En realidad, no somos tan pequeñitos.

____

b. Parecemos jovencillos.

____

c. Eres un chiquito.

____

d. Comemos tomatitos.

____

e. Bebemos solo un poquito.

____

f. Los chinos son mis amiguitos.

____

GRAMMAIRE 2

La notion de quantité

mucho → beaucoup
bastante → assez
tanto → tant, autant
poco → peu
demasiado → trop
algo → un peu

- Comemos **poco**.
→ Nous mangeons **peu**.

– Lorsqu'ils déterminent un adjectif qualificatif ou un autre adverbe, ils s'apocopent (mais restent invariables).

Tanto** → **tan   ***mucho** → **muy***

- Parecemos **tan** jovencillos.
→ Nous paraissons **si** jeunes.

- Comemos **muy poco** pescado.
→ Nous mangeons **très peu** de poisson.

– Lorsqu'ils déterminent un nom, ils s'accordent en genre et en nombre avec ce nom.

- Hay **muchas** recetas deliciosas.
→ Il y a **beaucoup** de recettes délicieuses.
- No comemos **tanta** carne.
→ Nous ne mangeons pas **autant** de viande.

S'ENTRAÎNER

2 Traduisez ces phrases.

a. Tenemos bastantes días de vacaciones.

b. Los americanos comen mucha carne.

c. Invitamos a pocos amiguitos.

d. Trabajo mucho.

e. Las cocinas no son tan grandes.

f. Es una receta muy deliciosa.

g. El restaurante es demasiado pequeño.

3 Traduisez en espagnol.

a. Fais la cuisine maintenant.

b. Ne faites pas de soupe à la tomate.

c. Nous faisons un repas japonais tous les mercredis.

d. Juan, ne fais pas trop de poisson !

GRAMMAIRE 3

Le verbe irrégulier *hacer* (faire)

Présent	Impératif affirmatif	Impératif négatif
hago	–	–
haces	haz	no hagas
hace	haga	no haga
hacemos	hagamos	no hagamos
hacéis	haced	no hagáis
hacen	hagan	no hagan

Résultats page 147

+ Pays et nationalités

chino(a): chinois(e)

español(a): espagnol(e)

francés/francesa: français(e)

japonés/japonesa: japonais(e)

Quelques nationalités présentent la même forme au masculin et au féminin :

belga: belge **árabe:** arabe
iraquí: irakien(ne)

On n'emploie pas d'article défini avec les noms de pays.

China es un gran país.
→ **La Chine est un grand pays.**

12

¡Qué receta tan fácil!

Quelle recette facile !

C'est l'heure de passer à l'action…

Rosa: Sopa de tomates con huevos y albóndiguillas. ¡Qué bueno! Bien, ¿cuántos huevos y tomates necesitamos?

Zhang Song: Para cuatro personas se necesitan dos huevos y tres tomates maduros. Y también una cebolla de primavera, un litro de caldo de verduras, una cucharada sopera de salsa de soja y aceite.

Rosa: ¿Cuánto aceite exactamente?

Zhang Song: Un poco, una cucharilla de café nada más.

Rosa: ¿Y luego?

Zhang Song: ¡Muy fácil! Se hace así: en primer lugar, pele los tomates y la cebolla y córtelos en pequeños trozos con un cuchillo. Después, bata lenta y fuertemente los huevos con una pizca de sal y cebolla.

Rosa: ¡Me da hambre! ¡Me parece delicioso! ¡Quiero probarlo!

Zhang Song: Luego, ponga a calentar despacio el aceite y ponga a freír la cebolla. Añada el caldo. Cuando hierva, añada los tomates. Cuando eso hierva de nuevo, mezcle lentamente la salsa de soja con los huevos. ¡Y la sopa está lista!

Rosa: ¡Qué receta tan fácil! Muchas gracias Zhang Song. Pues, queridos oyentes, prueben la receta de hoy. Mañana en *¡La buena comida!*, tenemos una suculenta receta francesa.

VOCABULAIRE

- **añadir:** ajouter
- **acción (la):** action
- **aceite (el):** huile
- **batir:** battre (cuisine)
- **caldo (el):** bouillon
- **calentar (irrég.):** chauffer
- **cebolla (la):** oignon
- **cortar:** couper
- **cuchara (la):** cuillère
- **cucharada sopera (la):** cuillerée à soupe
- **cucharilla (la):** petite cuillère
- **cuchillo (el):** couteau
- **despacio:** doucement
- **ensayar:** essayer
- **freír (irrég.):** frire
- **fuerte:** fort(e)
- **fuertemente:** fortement
- **hierva (v. *hervir*, irrég.):** il/elle bout
- **lentamente:** lentement
- **lento(a):** lent(e)
- **litro (el):** litre
- **luego:** puis
- **maduro(a):** mûr(e)
- **mezclar:** mélanger
- **necesitar:** avoir besoin
- **pasar a:** passer à
- **pizca (la):** pincée
- **ponga (v. *poner*, irrég.):** mettez
- **prueben (v. *probar*, irrég.):** testez
- **sal (la):** sel
- **salsa (la):** sauce
- **soja (la):** soja
- **suculento(a):** succulent(e)
- **trozo (el):** morceau

Maîtriser les sons

En espagnol, la lettre e correspond au é français, comme dans « café ».
Devant un l, un n ou un r, le e a un son un peu plus ouvert, se rapprochant du è français.
Exemple : *papel* (papier), *beber* (boire)

a. calentar
b. delicioso
c. delante
d. exactamente
e. freír
f. hervir
g. huevos
h. verduras
i. lentamente
j. necesitar

Maîtriser les sonorités de la phrase

Lisez les phrases en faisant attention à l'accentuation.

a. ¿Cuántos huevos se necesitan?
b. ¿Cuántos tomates necesitamos?
c. ¿Cuánto aceite necesitamos?
d. Bata los huevos con una pizca de sal.
e. Mezcle lentamente la salsa de soja con los huevos.

! EXPRESSIONS

- **Casi nada**
  → Presque rien
- **Nada más**
  → Pas plus
- **¡Me da hambre!**
  → Cela me donne faim !

GRAMMAIRE 1

Les adverbes de manière

En espagnol, les adverbes se terminant en **-mente** sont les plus nombreux. Ils se forment en ajoutant **-mente** à l'adjectif s'il est invariable, ou à sa forme féminine dans les autres cas.

Adjectif invariable : simple
→ simplemente

Autres adjectifs : lento, lenta
→ lentamente

Lorsque deux adverbes se suivent, seul le second prend la forme en **-mente** : le premier prend la forme de l'adjectif au féminin.

- Bata **lenta** y fuertemente.
→ Battez **lentement** et fortement.

Il existe aussi de nombreux autres adverbes : así (ainsi), despacio (lentement), deprisa (vite), bien (bien), mal (mal)...

S'ENTRAÎNER

1 Remplacez les adjectifs entre parenthèses par les adverbes correspondants.

a. Batir *(fuerte)* los huevos.

b. Juega *(cierto)* muy bien. *(certain)*

c. Los americanos comen *(rápido)*.

d. En China, cocinamos *(fácil)*.

e. Hierve las verduras *(exacto)* ocho minutos.

f. Mezcle *(lento)* la salsa con los huevos.

g. Es una carrera *(increíble)* larga.

GRAMMAIRE 2

Les verbes de la 2e et de la 3e conjugaison à l'impératif

Comer (manger) et **Batir** (battre)

Impératif affirmatif	
Come	Bate
Coma	Bata
Comamos	Batamos
Comed	Batid
Coman	Batan

Impératif négatif	
No comas	No batas
No coma	No bata
No comamos	No batamos
No comáis	No batáis
No coman	No batan

S'ENTRAÎNER

2 Mettez les phrases suivantes à l'impératif affirmatif, puis à l'impératif négatif.

➲ *Comes la sopa*
→ *¡Come la sopa! / ¡No comas la sopa!*

a. Baten lentamente los huevos.

b. Coméis siempre tomates.

c. Escribimos una receta china.

d. Corres el maratón de Madrid.

e. Escribís a la familia.

f. Bebes durante la carrera.

g. Vives en Madrid.

GRAMMAIRE 3

Exprimer un besoin, un manque, un désir

– Pour exprimer une idée de besoin de manière générale et impersonnelle, on utilise se necesita + nom.

▪ **Se necesita agua** para vivir.
→ **Il faut de l'eau** pour vivre.

– Dans le cas d'un besoin personnel, on utilise le verbe necesitar conjugué.

▪ **Necesito** agua.
→ **J'ai besoin** d'eau.

– Pour traduire l'idée de manque, on peut aussi utiliser l'expression hacer falta.

▪ **Hace falta** un poco de sal.
→ **Il faut** un peu de sel.

– Pour exprimer un désir personnel, l'espagnol utilise le verbe querer (vouloir).

▪ **Quiero** comer.
→ **Je veux** manger.

S'ENTRAÎNER

3 Traduisez les phrases en utilisant les verbes necesitar ou querer.

a. Mes enfants ont besoin de nouvelles chaussures.

b. On a besoin d'amis.

c. Vous voulez appeler un ami.

d. Nous voulons aller en vacances.

e. J'ai besoin d'une autre recette.

f. Veux-tu manger plus de légumes ?

g. On a besoin de poisson.

Résultats page 147

✚ En cuisine

cuchara (la): cuillère
cuchillo (el): couteau
tenedor (el): fourchette
cubiertos (los): couverts
plato (el): assiette
vaso (el): verre
taza (la): tasse
sartén (la): poêle
cazuela (la): casserole

Test 6

1 Traduisez en français.

a. Necesito muchos tomates maduros.

b. Pelar los tomatitos es demasiado difícil.

c. Añada una poca de salsa de soja a tu receta.

d. ¿Cuánto tiempo se necesita?

e. Es facilísimo de hacer.

2 Voici la liste de courses que votre ami(e) vous a donnée.

Demandez-lui des précisions en utilisant *¿Cuánto?* et les verbes *querer* ou *necesitar*.

- *Arroz*
- *Café*
- *Leche*
- *Huevos*
- *Tomates*
- *Patatas*
- *Naranjas*
- *Zanahorias*
- *Cebollas*
- *Carne*
- *Pescado (salmón)*
- *Ensalada*
- *Queso*

Vocabulaire

arroz (el): riz
salmón (el): saumon
queso (el): fromage
patata (la): pomme de terre
ensalada (la): salade
naranja (la): orange
zanahoria (la): carotte

3 Vous allez préparer un petit repas avec un ami. Composez votre menu. Utilisez le verbe *hacer* ou le verbe *comer*.

Primer plato *(entrées)*
Sopa de marisco *(soupe de fruits de mer)*
Ensalada de tomates
Tortilla de patatas *(omelette aux pommes de terre)*

Segundo plato *(plat de résistance)*
Carne asada
Salmón
Paella
Pollo asado

Verduras
Ensalada
Zanahoria
Brócoli
Fríjoles *(haricots)*

Postre (*dessert*)
Pastel de chocolate *(gâteau au chocolat)*
Tarta de manzana *(tarte aux pommes)*

Exemples :

- **Hago un pollo asado con patatas.** *(Je fais un poulet rôti avec des pommes de terre.)*
- **Comamos un pollo asado con patatas.** *(Mangeons un poulet rôti avec des pommes de terre.)*

Oral

Ajoutez le quantificateur proposé selon le modèle, en l'accordant si nécessaire

➲ *Necesito salsa de soja. (un poco)*
→ ***Necesito un poco de salsa de soja.***

a. Necesitamos huevos. (mucho)

....

b. China es un gran país. (tanto)

....

c. Los amigos de Juan son franceses. (mucho) ....

d. ¿Comes verduras? (bastante)

....

e. Pones sal en la sopa. (demasiado)

....

f. Añadimos sal en la sopa de huevos y tomates. (poco)

....

Expressions

- Comme c'est facile !
→ **¡Qué fácil!**
- Merci beaucoup.
→ **Muchas gracias.**
- Merci de m'avoir invité(e).
→ **Gracias por invitarme.**
- J'ai faim ! → **¡Tengo hambre!**

Résultats page 148

Le savez-vous ?

Vous connaissez déjà tous ces mots : vous pouvez les combiner dans des expressions courantes pour exprimer une quantité.

a medio(as) → à moitié
al menos → au moins
cada vez más → de plus en plus
cada vez menos → de moins en moins
cuanto más → tout au plus
mucho más → beaucoup plus
mucho menos → beaucoup moins
poco a poco → peu à peu
poco más (o menos) → environ

Clin d'œil sur...

les fêtes en Espagne

■ L'Espagne aime les fêtes et tous les prétextes sont bons pour organiser, dans chaque village ou ville du pays, une fête, qu'elle soit religieuse ou profane.

■ Les fêtes espagnoles sont nombreuses, et souvent spectaculaires. Que ce soit le lâcher des taureaux à Pampelune, la Semaine Sainte à Séville avec ses cortèges de pénitents encagoulés ou les fallas de Valence avec ses extraordinaires mannequins en carton pâte bourrés de feux d'artifices, la fête espagnole réunit des foules enthousiastes.

SÉQUENCE 7

Del mal, el menos

- ¿Qué paso exactamente? page 82
- Tenía solo un billete page 86

LES OBJECTIFS :

- parler d'un événement passé
- dater un événement
- apprendre le passé simple des verbes irréguliers
- apprendre l'imparfait des verbes irréguliers

13

¿Qué pasó exactamente?

Que s'est-il passé exactement ?

Émission consacrée aux consommateurs...

Alonso: Aquí Alonso Álamos, en la emisión *Del mal, el menos*. Conmigo Guillermo Rodríguez, de Sevilla. ¡Hola Guillermo! Viajaste a Inglaterra hace dos meses, ¿no es así?

Guillermo: ¡Bueno por lo menos, lo intenté!

Alonso: ¿Qué te pasó?

Guillermo: Pues, quise ir a Inglaterra con mi mujer Belén. Así es que reservamos por Internet los billetes de avión y un hotel en Londres.

Alonso: ¿Compraste los billetes caros?

Guillermo: No, muy baratos. Estuvimos contentísimos hasta que empezaron los problemas. El primer problema fue a propósito del aeropuerto.

Alonso: ¿Y por qué?

Guillermo: Pues, cuando recibimos nuestros billetes, no nos dieron el nombre del aeropuerto. Nos conectamos entonces con el sitio Web, pero nadie contestó, y eso duró diez días. Buscamos un número de teléfono pero no encontramos ninguno. Un día antes de la salida, conseguimos una respuesta.

Alonso: ¿Y de qué aeropuerto salisteis?

Guillermo: Del aeropuerto de Barajas, en Madrid. Por lo tanto, cogimos el tren de Sevilla hasta Madrid...

VOCABULAIRE

- **a propósito:** à propos
- **aeropuerto (el):** aéroport
- **avión (el):** avion
- **barato(a):** bon marché
- **billete (el):** billet
- **buscamos (v. *buscar*):** nous avons cherché
- **caro(a):** cher
- **cogimos (v. *coger*):** nous avons pris
- **compraste (v. *comprar*):** vous avez acheté
- **conectamos (v. *conectar*):** nous nous sommes connectés
- **conseguimos (v. *conseguir*):** nous avons reçu
- **contestó (v. *contestar*):** a répondu
- **dieron (v. *dar*):** ils ont donné
- **duró (v. *durar*):** a duré
- **empezaron:** ont commencé
- **estuvimos (v. *estar*):** nous étions
- **hasta (que):** jusqu'à (ce que)
- **hotel (el):** hôtel
- **Inglaterra:** Angleterre
- **intenté (v. *intentar*):** j'ai essayé
- **pasó (v. *pasar*):** s'est passé
- **problema (el):** problème
- **quise (v. *querer*, irrég.):** je voulais
- **recibimos (v. *recibir*):** nous avons reçu
- **respuesta (la):** réponse
- **reservamos (v. reservar):** nous avons réservé
- **salisteis (v. *salir*):** vous êtes partis
- **sitio Web:** site web
- **situación (la):** situation
- **tren (el):** train
- **tuvimos que (v. *tener*):** nous avons dû
- **viajaste (v. *viajar*):** vous avez voyagé

Maîtriser les sons

En espagnol, les voyelles gardent leur prononciation lorsqu'elles sont placées l'une à côté de l'autre. Elles ne donnent jamais lieu à un nouveau son, comme en français.
Lorsqu'une syllabe comporte deux voyelles, l'accent tonique est porté par les voyelles fortes a, e, ou o.

a. respuesta
b. impaciente *(impatient)*
c. aeropuerto
d. aficionado
e. viaje *(voyage)*
f. fue
g. nuestra

Maîtriser les sonorités de la phrase

Lisez les phrases suivantes en faisant attention à l'intonation.

a. Viajaste a Inglaterra hace dos meses, ¿no es así?
b. ¿Qué te pasó?
c. ¿Compraste los billetes caros?
d. ¿Y, de qué aeropuerto salisteis?
e. Cogimos el tren de Sevilla hasta Madrid.

! EXPRESSIONS

- **Del mal, el menos.**
→ De deux maux, il faut choisir le moindre. (proverbe)
- **por lo tanto**
→ par conséquent
- **pues**
→ eh bien

GRAMMAIRE 1

Le passé simple

A) Emploi

Le passé simple renseigne sur des événements passés et sans relation avec le présent. Il est particulièrement adapté pour les récits. En français, on utilise plutôt le passé composé que le passé simple dans la langue courante ; mais en espagnol, ce temps est très souvent utilisé ; et il l'est toujours quand le fait accompli n'a pas d'impact sur le présent. Vous avez déjà appris le passé simple de *ser* (voir chapitre 7).

B) Le passé simple des verbes réguliers des trois premières conjugaisons

Les verbes en **-ar** **intentar**	Les verbes en **-er** **comer**	Les verbes en **-ir** **subir**
intent**é** intent**aste** intent**ó** intent**amos** intent**asteis** intent**aron**	com**í** com**iste** com**ió** com**imos** com**isteis** com**ieron**	sub**í** sub**iste** sub**ió** sub**imos** sub**isteis** sub**ieron**

C) Le passé simple de quelques verbes irréguliers courants

estar	**tener**	**dar**	**ver**	**querer**	**venir**	**hacer**	**ir**
être	*avoir, posséder*	*donner*	*voir*	*vouloir, aimer*	*venir*	*faire*	*aller*
estuv**e** estuv**iste** estuv**o** estuv**imos** estuv**isteis** estuv**ieron**	tuv**e** tuv**iste** tuv**o** tuv**imos** tuv**isteis** tuv**ieron**	d**i** d**iste** d**io** d**imos** d**isteis** d**ieron**	v**i** v**iste** v**io** v**imos** v**isteis** v**ieron**	quis**e** quis**iste** quis**o** quis**imos** quis**isteis** quis**ieron**	vin**e** vin**iste** vin**o** vin**imos** vin**isteis** vin**ieron**	hic**e** hic**iste** hiz**o** hic**imos** hic**isteis** hic**ieron**	fu**i** fu**iste** fu**e** fu**imos** fu**isteis** fu**eron**

S'ENTRAÎNER

1 Transformez ces phrases en conjuguant le verbe au passé simple.

➲ *Compro un billete.*
→ ***Compré un billete.***

a. Hablo con los jugadores del Real Madrid.

____

b. En el restaurante chino comes muchas verduras.

____

c. Angelina recibe videojuegos de una empresa americana.

____

d. Ganamos la carrera más importante.

____

e. El domingo visitáis la ciudad de París.

____

f. Bebo agua todas las tardes.

____

2 Transformez les phrases au présent en conjuguant le verbe au passé simple.

a. Tengo que ir al hotel.

b. Das la corbata negra a tu hermano.

c. Ve la salida del maratón de Madrid.

d. Queremos comprar muchísimas corbatas negras.

e. Venís con amigos chinos y visitáis la ciudad de Madrid.

f. Tiene una casa en Madrid.

g. Dan videojuegos a todos los participantes del maratón.

GRAMMAIRE 2

Exprimer le moment où s'est produite l'action

Ces marqueurs de temps indiquent le moment où s'est produite l'action dans le passé par rapport au moment où l'on parle.

hace	il y a …
anteayer	avant-hier
ayer	hier
anoche	la nuit dernière
el mes pasado	il y a un mois
el año pasado	l'année dernière
antaño	jadis
antes	avant
antiguamente	autrefois

S'ENTRAÎNER

3 Traduisez les phrases suivantes.

a. L'année dernière, nous avons acheté des billets bon marché.

b. Hier, j'ai vu ma cousine au cinéma.

c. Tu as visité Madrid il y a deux mois.

d. Avant-hier, ils ont mangé au restaurant.

e. Il a écrit à son père il y a un mois.

Résultats page 148

Les voyages en avion

aeropuerto (el): aéroport
avión (el): avion
billete (el): billet
equipaje (el): bagage
asiento (el): siège
horario (el): horaire
correspondencia (la): correspondance
a bordo: à bord
despegar: décoller
aterrizar: atterrir

14

Tenía solo un billete

Je n'avais qu'un billet

Un voyage décidément mouvementé !

Guillermo: Los mayores problemas los tuvimos al tomar el avión para Londres, pues, no había asiento para mi mujer.

Alonso: ¿Pero tenías dos billetes, no?

Guillermo: Pagué dos billetes, pero no conseguí dos billetes.

Alonso: ¡No me lo creo! ¿Y entonces qué hicisteis?

Guillermo: Pues, declaré que queríamos coger el mismo avión. Pasé una eternidad dando explicaciones, estaba harto.

Alonso: ¡Qué mala experiencia! ¿Pero al final, conseguisteis los billetes?

Guillermo: ¡Sí! Despegamos en el avión que estába previsto. Pero a bordo, no nos dieron nada de comer.

Alonso: ¡Menuda expedición! ¿Les dieron algo de beber?

Guillermo: No bebimos absolutamente nada y nos moríamos de sed. Y además, cuando llegamos a Londres, nuestro equipaje no estaba ahí.

Alonso: ¿Perdieron vuestro equipaje?

Guillermo: ¡Sí! Bueno, sabían que el equipaje estaba en Manchester. Lo pusieron en otro avión y nos encontramos sin ropa.

Alonso: Vamos a escuchar el resto de lo que le ocurrió a Guillermo en Inglaterra, después de una breve pausa publicitaria.

VOCABULAIRE

- **absolutamente:** absolument
- **además:** en plus
- **ahí:** là
- **algo:** quelque chose
- **breve:** court(e)
- **consiguisteis:** vous avez obtenu
- **dando:** en donnant
- **declarar:** déclarer, dire
- **estaba:** j'étais/il était
- **estaba previsto:** il était prévu
- **eternidad (la):** éternité
- **experiencia (la):** expérience
- **explicación (la):** explication
- **habías:** tu avais
- **harto(a) (*estar*):** en avoir marre
- **hicisteis:** vous avez fait
- **llegar:** arriver
- **moríamos (v. *morir*, irrég.):** nous étions morts
- **ocurrió (v. *ocurrir*):** est arrivé
- **pagué (v. *pagar*):** j'ai payé
- **pasar:** se passer
- **perder:** perdre
- **previsto(a):** prévu(e)
- **pusieron (v. *poner*, irrég.):** ont mis
- **queríamos (v. *querer*, irrég.):** nous voulions
- **resto (el):** reste
- **ropa (la):** vêtement (collectif singulier)
- **sabían:** ils savaient
- **sed (la):** soif
- **tomar:** prendre

Maîtriser les sons

En espagnol, la lettre x *(la equis)* se prononce [kss].

a. experiencia
b. exasperado
c. exactamente
d. explicaciones
e. experiencia
f. exótica *(exotique)*
g. excitación
h. explicar
i. excursión
j. exposición

Maîtriser les sonorités de la phrase

Lisez les phrases suivantes en faisant attention à l'intonation.

a. No había asiento para mi mujer.
b. ¿Pero tenías dos billetes, no?
c. Pues, declaré que queríamos coger el mismo avión.
d. Cuando llegamos a Londres, nuestro equipaje no estaba ahí.
e. Sabían que el equipaje estaba en Manchester.

EXPRESSIONS

- **al final**
→ pour finir
- **¡No me lo creo!**
→ Je n'arrive pas à y croire !
- **¡Menuda expedición!**
→ Sacrée expédition !

GRAMMAIRE 1

L'imparfait

A) Emploi

L'imparfait s'emploie comme en français : il permet de décrire une action passée, habituelle et envisagée dans sa durée.

- **Sabían** que el equipaje **estaba** en Manchester.

→ Ils **savaient** que les bagages **étaient** à Manchester.

B) L'imparfait des verbes réguliers des trois premières conjugaisons

Les verbes en **-ar** **intentar**	Les verbes en **-er** **comer**	Les verbes en **-ir** **subir**
intent**aba** intent**abas** intent**aba** intent**ábamos** intent**abais** intent**aban**	com**ía** com**ías** com**ía** com**íamos** com**íais** com**ían**	sub**ía** sub**ías** sub**ía** sub**íamos** sub**íais** sub**ían**

Remarque : à l'imparfait, l'auxiliaire estar suit la même conjugaison que intentar et l'auxiliaire tener la même que comer.

C) L'imparfait de quelques verbes irréguliers

ser	**dar**	**ver**	**querer**	**ir**
er**a** er**as** er**a** ér**amos** er**ais** er**an**	dab**a** dab**as** dab**a** dáb**amos** dab**ais** dab**an**	veí**a** veí**as** veí**a** veí**amos** veí**ais** veí**an**	querí**a** querí**as** querí**a** querí**amos** querí**ais** querí**an**	ib**a** ib**as** ib**a** íb**amos** ib**ais** ib**an**

S'ENTRAÎNER

1 Transformez ces phrases en conjuguant le verbe à l'imparfait.

➊ *Compro un billete.*
→ ***Compraba un billete.***

a. No canto por la tarde.

____

b. Escribes informes para la empresa.

____

c. Angelina vive en Madrid.

____

d. Los jugadores beben mucha agua.

____

e. Los amigos de Guillermo visitan Londres.

f. Comes carne todos los días.

g. Guillermo paga sus billetes por Internet.

h. Todos los sábados comemos en el aeropuerto.

i. Está en el aeropuerto de Madrid.

2 Transformez ces phrases au présent en conjuguant le verbe à l'imparfait.

a. Quiero un billete de avión.

b. Das el equipaje a la compañía.

c. Ve despegar el avión para Madrid.

d. Queremos un hotel en condiciones.

e. Vais a escuchar el resto de las aventuras.

f. Soy el más pequeño.

g. Doy de beber a mis amigos.

3 Traduisez les phrases suivantes.

a. Je voulais réserver un hôtel bon marché à Londres.

b. Il testait des jeux vidéos toute la journée.

c. Nous donnions des bons d'achat à chaque émission.

d. Tu allais au cinéma tous les lundis.

Résultats page 148

Quelques expressions avec *y*

y además: et en plus
y todo: et tout
y por lo tanto: et par conséquent
y por eso: et c'est pour ça
y entonces: et alors
¿Y eso?: Et ça ?
¿Y a mí qué?: Et qu'est-ce que ça peut me faire ?
¿Y eso qué?: Et alors ?

▶ Test 7

1 Mettez les phrases au présent à l'imparfait.

➲ *Juan visita Madrid con su hija.*
→ ***Juan visitaba Madrid con su hija.***

a. Intentas coger el avión para Londres.

b. Vamos a Inglaterra con los jugadores del Madrid.

c. Escriben un correo electrónico a la compañía.

d. Bebéis mucha agua antes de ir al aeropuerto.

e. Doy una respuesta a la pregunta.

f. Tengo un billete de tren para Sevilla.

2 Voici votre agenda de la semaine dernière. Dites ce que vous avez fait ☑ ou ce que vous n'avez pas fait ☒.

lunes	☑ llamar a Juan
martes	☒ ir al mercado *(marché)* de Madrid
miercoles	☑ comprar un billete de avión para París
jueves	☒ ir al cine con los niños
viernes	☑ comer con mi hijo en el restaurante chino
sábado	☒ dar su informe a Ovidio
domingo	☒ ver la casa de Carmen

3 Réécrivez cette lettre en mettant tous les verbes au passé

Querido Ovidio:

Voy a Madrid el lunes. Carmen viene conmigo y quiere ir al cine. Por la noche vamos al restaurante chino y después al cine. Para volver a casa cogemos el avión el jueves, a las diez de la mañana.

Saludos,

Juan.

Oral

Les phrases sont-elles au présent, au passé simple ou à l'imparfait ?

a. Quiero reservar el hotel de hielo.
b. Fuiste a ver el partido.
c. José comía en el restaurante.
d. El lunes fui al cine.
e. Compré los billetes ayer.
f. Escribías a su primo todas las semanas.

	présent	passé simple	imparfait
a			
b			
c			
d			
e			
f			

Expressions

- Je vois.
  → **Ya veo.**
- Exact ? C'est ça ?
  → **¿Es cierto?**
- Maintes et maintes fois
  → **Miles y miles de veces**
- Pauvre de vous !
  → **¡Pobre hombre!**
- Sans blague !
  → **¡No me digas!**
- Et comment !
  → **¡Ya lo creo!**

Résultats page 149

Clin d'œil sur...

la corrida et le flamenco

■ À l'étranger, corrida et flamenco sont emblématiques de l'Espagne traditionnelle. Il s'agit en réalité de pratiques culturelles typiquement andalouses qui, le temps et le tourisme aidant, se sont étendues dans presque tout le pays.

■ Le flamenco est à la fois un chant et une danse, inventés par les Gitans qui ont su transformer magnifiquement et enrichir d'anciennes berceuses juives et des rythmes arabes.

■ Quant à la corrida, née dans la nuit des temps, elle est, pour ceux qui l'encensent, un rendez-vous avec la mort et le combat de l'homme contre la bête et, pour ceux qui l'exècrent, une boucherie inutile.

SÉQUENCE 8

La hora de vacaciones

- ¿Se puede dormir en el interior? page 94
- Se debe visitar el hotel page 98

LES OBJECTIFS :

- dire la possibilité
- dire l'obligation
- dire l'interdiction
- traduire « on »

15

¿Se puede dormir en el interior?

Peut-on dormir à l'intérieur ?

En route pour des vacances rafraîchissantes...

Manuel: Son las cuatro de la tarde, me llamo Manuel Velázquez de la emisión *La hora de vacaciones*. Les presentamos un hotel quizás único en el mundo. José ¿quiere usted saber más?

José: ¡Por supuesto! ¿Qué tiene ese lugar de original?

Manuel: Es un hotel de hielo en Suecia, al exterior, la temperatura puede ser de 40 grados bajo cero.

José: ¡Eso no es frío, es helado! ¡Hay que tener buena salud!

Manuel: ¡Exactamente! Todos los años el hielo se derrite y es necesario reconstruir el hotel.

José: Entonces ¿cuándo se puede ir al hotel?

Manuel: ¡Pues en invierno, claro! El hotel debe cerrar en abril porque el agua gotea por todas partes.

José: ¿Es un gran hotel?

Manuel: Hay 800 habitaciones. Es preciso almacenar 30.000 toneladas de nieve y 4.000 toneladas de hielo para construirlo.

José: ¿Pero es un verdadero hotel? Quiero decir ¿se puede dormir en el interior?

Manuel: Bueno, hay que ser valiente pero claro que se puede dormir en el interior. Puede ser que la temperatura baje a 5 grados bajo cero, tal vez menos.

José: Entonces, ¿hace falta ropa especial?

VOCABULAIRE

- **almacenar:** stocker
- **bajar:** descendre
- **bajo:** au-dessous
- **cerrar:** fermer
- **cero (el):** zéro
- **construir:** construire
- **derrite (se) (v. *derretir*, irrég.):** il fond
- **dormir:** dormir
- **entonces:** alors
- **exterior:** extérieur
- **frío(a):** froid(e)
- **grado (el):** degré
- **gotear:** goutter, tomber goutte à goutte
- **habitación (la):** la chambre
- **helado(a):** glacé(e)
- **hielo (el):** glace (froid)
- **hotel (el):** hôtel
- **interior (el):** intérieur
- **invierno (el):** hiver
- **llevar:** porter
- **nieve (la):** neige
- **poder:** pouvoir
- **presentar:** présenter
- **quizás:** peut-être
- **reconstruir:** reconstruire
- **salud (la):** santé
- **Suecia:** Suède
- **tal vez:** peut-être
- **tarde (la):** après-midi
- **temperatura (la):** température
- **tonelada (la):** tonne
- **único(a):** unique
- **valiente:** courageux (-euse)

Maîtriser les sons

La lettre d se prononce comme en français. Exemple : *deber* (devoir). Mais placé à la fin d'un mot ou dans les terminaisons des participes passés, le d peut être, selon les régions, soit à peine prononcé, soit totalement escamoté ou prononcé comme le z espagnol. On entend *verda* pour *verdad*, ou encore *Madri(z)* pour *Madrid*.

a. deber
b. derretir
c. dormir
d. poder
e. verdadero
f. usted
g. salud
h. encantado

Maîtriser les sonorités de la phrase

Lisez les phrases suivantes en plaçant correctement l'accentuation.

a. Hemos descubierto un hotel muy original.
b. ¿Pero es un verdadero hotel?
c. ¡Eso no es frío, es helado!
d. ¿Entonces, hace falta ropa especial?
e. Son las cuatro de la tarde.

! EXPRESSIONS

- **¡Por supuesto!**
  → Bien entendu !
- **Es preciso**
  → Il est nécessaire
- **a veces**
  → parfois
- **por todas partes**
  → de tous côtés
- **a finales**
  → à la fin

GRAMMAIRE 1

Exprimer une possibilité

Pour exprimer *on peut* ou *il est possible que*, on utilise **se puede + infinitif.**

- **Se puede dormir** en el interior.
→ **On peut dormir** à l'intérieur.

La tournure **puede ser que** exprime la probabilité.

- **Puede ser que** la temperatura baje a 5 °C.
→ **Il est possible que** la température descende à 5 °C.

Cette construction est normalement suivie du subjonctif, mais de plus en plus souvent, on utilise le présent.

Lorsque ce que l'on avance paraît être réalisable, on peut aussi utiliser les adverbes **quizás** ou **tal vez** (peut-être).

- Les presentamos un hotel **quizás** único en el mundo.
→ Nous vous présentons un hôtel **peut-être** unique au monde.
- Puede ser que la temperatura baje a 5 grados bajo cero, **tal vez** menos.
→ Il se peut que la température descende à 5 degrés au-dessous de zéro, **peut-être** moins.

S'ENTRAÎNER

1 Transformez ces questions en y ajoutant une notion de possibilité.

➔ *¿Dormimos en el interior?*
→ ***¿Se puede dormir en el interior?***

a. ¿Cuántos huevos comemos?

b. ¿La temperatura baja?

c. ¿Compramos zapatos blancos?

d. ¿Cuántos videojuegos probamos?

e. ¿Llevamos ropa caliente? (*chaud*)

f. ¿Corremos el maratón de Madrid?

g. ¿Cuándo vamos de vacaciones?

GRAMMAIRE 2

La conjugaison de *poder* (pouvoir)

Présent	Passé simple
pue**do**	pud**e**
pued**es**	pud**iste**
pued**e**	pud**o**
pod**emos**	pud**imos**
pod**éis**	pud**isteis**
pued**en**	pud**ieron**

S'ENTRAÎNER

2 Traduisez les phrases en espagnol.

a. La femme de Juan peut aller à Madrid.

b. Pouvez-vous *(forme de politesse)* m'appeler lundi ?

c. J'ai faim ! Puis-je manger ?

d. Je peux faire une soupe à la tomate si tu veux.

e. Nous ne pouvons pas manger de viande.

f. Tu peux ajouter un peu de soja.

g. Vous pouvez aller au restaurant à deux heures.

h. Les enfants peuvent dormir à l'intérieur.

GRAMMAIRE 3

Exprimer une obligation (1)

Pour exprimer une obligation impersonnelle (qui résulte de circonstances indépendantes de la volonté), on utilise *hay que* + infinitif ou *hace falta* + complément d'objet.

- **Hay que tener** una buena salud.
→ **Il faut avoir** une bonne santé.
- **Hace falta ropa** especial?
→ **Il faut des vêtements** spéciaux ?

On peut également exprimer l'obligation de façon plus atténuée avec *Es preciso* ou *es necesario* + infinitif.

- **Es necesario** cada vez **reconstruir** el hotel.
→ **Il faut**, chaque fois, **reconstruire** l'hôtel.
- **Es preciso almacenar** 30.000 toneladas de nieve.
→ **Il faut stocker** 30 000 tonnes de neige.

S'ENTRAÎNER

3 Transformez les phrases de façon à exprimer une obligation impersonnelle en utilisant hay que.

➔ *Tenemos una buena salud.*
→ ***Hay que tener una buena salud.***

a. Como muchas verduras.

b. Jugamos a los videojuegos.

c. Ves la plaza Mayor.

d. Trabajamos por la noche.

e. El hotel debe cerrar a finales de abril.

Résultats page 149

+ Les pièces de la maison

cocina (la): cuisine
comedor (el): salle à manger
cuarto de estar (el): salon
habitación (la): chambre
cuarto de baño (el): salle de bains
ducha (la): douche
aseo (el): toilettes
entrada (la): entrée
sótano (el): cave

16

Se debe visitar el hotel

Vous devez absolument visiter l'hôtel

Plus de détails sur l'hôtel…

Manuel: No hay ningún problema. Hay que llevar ropa caliente, por ejemplo, ropa interior de algodón, y cantidad de calcetines calientes. No se necesita comprar todo porque el hotel da a sus huéspedes sombreros, guantes y botas.

José: ¿Y qué se puede hacer en el hotel?

Manuel: En primer lugar, se debe visitar el hotel. Los vasos son de hielo, las camas son de hielo, todos los muebles son de hielo. Hay incluso un bar y un cine de hielo. También hay una exposición de esculturas de hielo. Y se puede escuchar música tradicional.

José: ¿Y qué actividades podemos hacer fuera?

Manuel: Se pueden hacer excursiones con raquetas.

José: ¿Y se puede ir con niños?

Manuel: Sí, pero he de decirle la verdad: para los niños, el hotel no es particularmente divertido. No deben de tocar las estatuas. Creo que conviene más a los adultos.

José: Si quiero reservar una habitación, ¿qué tengo que hacer?

Manuel: Tiene que reservar por Internet. El correo electrónico del hotel es: hielo@frio.sue.

VOCABULAIRE

- **actividad (la):** activité
- **adulto (el):** adulte
- **algodón (el):** coton
- **bar (el):** bar
- **bota (la):** botte
- **calcetín (el):** chaussette
- **cama (la):** lit
- **cantidad (la):** quantité
- **cine (el):** cinéma
- **convenir:** convenir
- **correo electrónico (el):** e-mail
- **creo (v. *creer*, irrég.):** je crois
- **divertido(a):** amusant(e)
- **escultura (la):** sculpture
- **excursión (la):** excursion
- **exposición (la):** exposition
- **fuera:** dehors
- **guante (el):** gant
- **huésped(a) (el/la):** hôte
- **incluso:** même, y compris
- **mueble (el):** meuble
- **música (la):** musique
- **particularmente:** particulièrement
- **raqueta (la):** raquette
- **reservar:** réserver
- **ropa interior (la):** sous-vêtements
- **sombrero (el):** chapeau
- **tocar:** toucher
- **tradicional:** traditionnel(le)
- **vaso (el):** verre
- **visitar:** visiter

Maîtriser les sons

La lettre r, en espagnol, se prononce roulée et légèrement vibrée comme le r du sud-ouest ou celui de la chanteuse Édith Piaf. Quand le r est doublé ou se trouve en début de mot, il est plus marqué.

a. euros
b. comprar
c. dar
d. fuera
e. ropa interior
f. reservar
g. bar
h. sombrero
i. tradicional

Maîtriser les sonorités de la phrase

Répétez les phrases suivantes en faisant attention à l'accentuation.

a. No hay ningún problema.
b. También hay una exposición de esculturas de hielo.
c. Hay incluso un bar y un cine de hielo.
d. Se pueden hacer excursiones con raquetas.
e. Tiene que reservar por Internet.

EXPRESSIONS

- **No hay ningún problema.**
  → Il n'y a aucun problème.
- **No se necesita comprar…**
  → Ce n'est pas la peine d'acheter…
- **¿Qué tengo que hacer?**
  → Que dois-je faire?

GRAMMAIRE 1

Exprimer une obligation (2) : *tener que, haber de, deber*

A) *tener que*

On emploie **tener que + infinitif** pour exprimer une obligation personnelle.

- ¿Qué **tengo que hacer**?
→ Que **dois-je faire** ?
- **Tienes que reservar** por Internet.
→ **Tu dois réserver** par Internet

Conjugaison

Imparfait	Passé simple
tenía	tuve
tenías	tuviste
tenía	tuvo
teníamos	tuvimos
teníais	tuvisteis
tenían	tuvieron

B) *deber*

On peut également exprimer une obligation avec le verbe **deber + infinitif.**

- **No deben tocar** las estatuas.
→ **Ils ne doivent pas toucher** aux statues.

C) *haber de*

Pour exprimer une obligation atténuée, on peut utiliser **haber de + infinitif.**

- **He de decirle** la verdad.
→ **Il faut que je vous dise** la vérité.

Conjugaison

Présent	Imparfait	Passé simple
he	había	hube
has	habías	hubiste
ha	había	hubo
hemos	habíamos	hubimos
habéis	habíais	hubisteis
han	habían	hubieron

S'ENTRAÎNER

1 Transformez les phrases pour exprimer une obligation personnelle.

a. Llamo a mi madre a las ocho.

____

b. Angelina prueba los videojuegos.

____

c. Los niños llevan ropa caliente.

____

d. Vamos de vacaciones a Suecia en invierno.

____

____

e. Voy al hotel de hielo en diciembre y en enero.

____

____

f. Trabajas durante la noche.

____

2 Utilisez le verbe entre parenthèses pour compléter les phrases.

a. ¿En el hotel de hielo (tú) ______________ llevar ropa caliente? *(deber)*

b. (tú) ______________ trabajar los domingos. *(haber de)*

c. El hombre ______________ llevar una bufanda. *(haber de)*

d. (Usted) ______________ reservar el hotel de hielo antes de venir. *(deber)*

e. Los niños no ____________ correr en el hotel de hielo. *(deber)*

f. (vosotros) ____________ comer todos los días en el hotel. *(haber de)*

GRAMMAIRE 2

Comment dire « on »

– On le traduit fréquemment par la forme réfléchie se + verbe conjugué à la troisième personne du singulier.

- ¿Y qué **se puede** hacer allá?
→ Et que **peut-on** faire là-bas ?

– On peut également utiliser la troisième personne du pluriel.

- **Pueden** hacer excursiones con raquetas.
→ **On peut** faire des excursions avec des raquettes.

– Lorsque le sujet de l'action est impliqué, on peut utiliser uno ou la première personne du pluriel.

- ¿Y **puede uno** ir con niños?
→ Et **peut-on** venir avec les enfants ?
- ¿Y qué actividades **podemos** hacer?
→ Et quelles activités **peut-on** faire ?

S'ENTRAÎNER

3 Transformez les phrases en utilisant se + verbe.

➲ *Pueden hacer excursiones con raquetas.*
→ ***Se puede hacer excursiones con raquetas.***

a. En Japón comen mucho pescado.

____

____

b. Necesitan agua para vivir.

____

____

c. En China cocinan muy bien.

____

____

d. En el hotel de hielo, visitan la exposición todos los días

____

____

e. En la receta de huevos con tomate añaden una pizca de soja.

____

____

Résultats page 150

Les vêtements

bufanda (la): écharpe
calcetín (el): chaussette
camisa (la): chemise
camiseta (la): T-shirt
falda (la): jupe
guante (el): gant
pantalón vaquero (el): jean
pantalón (el): pantalon
ropa interior (la): sous-vêtements
vestido (el): robe

Test 8

1 Demandez si on peut accomplir les actions suivantes en utilisant la tournure *se puede*.

a. comer en el restaurante

b. trabajar y viajar a Francia en julio

c. probar videojuegos para una empresa

d. escribir una receta china

e. ir al hotel de hielo

2 Vous faites une liste de tout ce qui doit être fait avant de partir en vacances. Utilisez la tournure *hay que*.

➔ *preparar las maletas*
→ ***Hay que preparar las maletas.***

a. telefonear a la abuela *(grand-mère)*

b. comprar videojuegos

c. escribir al primo de Madrid

d. preparar la comida

e. reservar el hotel

f. acabar el informe para la empresa

g. hacer el recorrido del viaje

h. organizar el cumpleaños de Carmen

3 Transformez les phrases de façon à exprimer une obligation en utilisant *tener que.*

➔ *Reservo una habitacion.*
→ ***Tengo que reservar una habitación.***

a. Llamamos a la agencia de viajes. (*agence de voyage*)

b. Sugieres un recorrido.

c. Reservamos los billetes de avión.

d. Reservais los hoteles.

e. Compras muchos libros.

f. Preparan las maletas.

g. Telefoneo a un taxi. (taxi)

h. Va al aeropuerto.

i. Coges el avión.

Oral

Traduisez les phrases suivantes.

a. On peut appeler l'hôtel.

b. Peut-on mélanger les œufs avec les tomates ?

c. On ne peut pas téléphoner à l'hôtel pendant la nuit.

d. Peut-on organiser un marathon à Madrid ?

e. On peut trouver l'adresse de l'hôtel sur Internet.

Expressions

Pour exprimer son opinion, on peut utiliser les formules suivantes :

- D'après moi
  → **Según mi opinión**
- Pour moi
  → **Para mí**
- Je pense que
  → **Creo que**
- Je vois que
  → **Veo que**
- Je crois que
  → **Creo que**
- Je crains que
  → **Temo que**
- Il me semble que
  → **Me parece que**

Résultats page 150

Clin d'œil sur...

le sport

- L'engouement des Espagnols pour le sport accompagne les succès de leurs champions au plan mondial.

- Les années 1980, quand Delgado et Indurain gagnaient le tour de France, furent les années du cyclisme. Les années 1990 furent celles du tennis, provoquant une passion qui se maintient aujourd'hui grâce à Rafael Nadal. Récemment, le sport automobile a soulevé l'enthousiasme des foules suite aux victoires de Fernando Alonso.

- C'est le football qui reste de loin le sport le plus populaire en Espagne et la rivalité entre le Real Madrid et le Barça évoque un affrontement pacifique entre Espagne centralisatrice et autonomies.

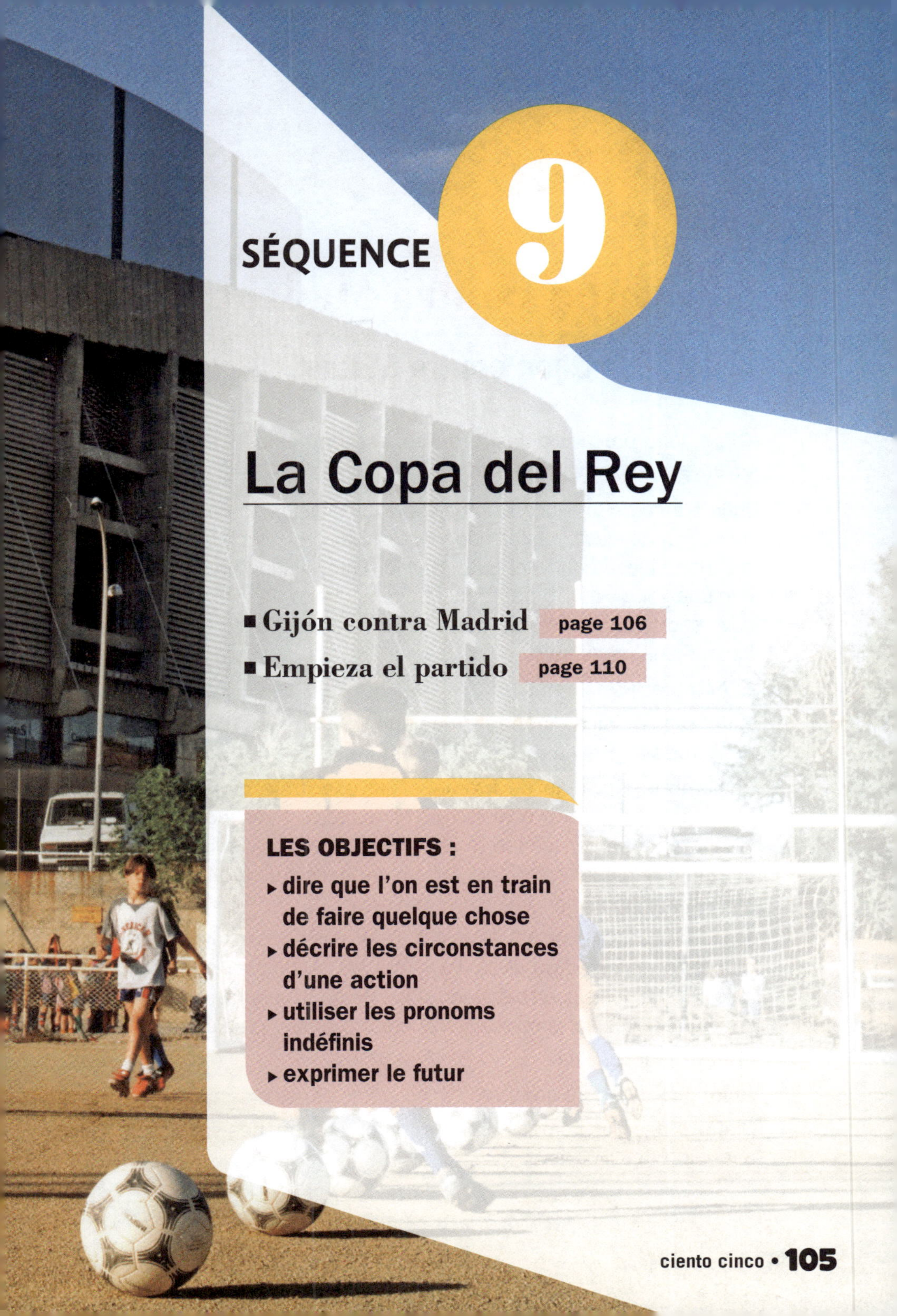

SÉQUENCE 9

La Copa del Rey

- Gijón contra Madrid page 106
- Empieza el partido page 110

LES OBJECTIFS :

- dire que l'on est en train de faire quelque chose
- décrire les circonstances d'une action
- utiliser les pronoms indéfinis
- exprimer le futur

17

Gijón contra Madrid

Gijon contre Madrid

Gijón, ville portuaire des Asturies, est en pleine effervescence avant le match.

Julio Ramos: Soy Julio Ramos, para la emisión *Deportes del domingo*. Hoy estoy hablando desde Gijón. El club de fútbol asturiano juega contra el Real Madrid. Estoy viendo un hombre con una gaita y con el tradicional traje asturiano. Perdone señor, soy reportero para la emisión *Deportes del domingo*. ¿Puedo hacerle una pregunta?

El hombre: ¡Sí, claro!

Julio: Oigo música asturiana y veo que lleva un traje tradicional de Asturias. ¿Se viste aún así en Asturias?

El hombre: No, deje de bromear. Llevo el traje desde esta mañana porque apoyo al Gijón. Mire todos esos hombres: vienen al estadio tocando la gaita. Todos están vestidos con el traje tradicional asturiano. De esa manera, quieren mostrar que siguen apoyando al equipo de Gijón.

Julio Ramos: Muchas gracias, señor. Debo decir que estoy viendo muchos trajes tradicionales. La gente va cantando y tocando música. Algunos siguen bebiendo sidra. Perdone señora, soy Julio en los *Deportes del domingo* ¿Le puedo hacer una pregunta?

Mujer: Sí, jovencillo.

Julio: ¿Va usted de compras?

Mujer: Hago mis compras corriendo porque después voy a ver al equipo de Gijón.

17

VOCABULAIRE

- **aire (el):** air
- **apoyar a:** soutenir
- **así:** ainsi
- **asistir:** assister
- **aún:** encore
- **beber:** boire
- **bromear:** plaisanter
- **cantar:** chanter
- **club (el):** club
- **compras (las):** courses, achats
- **contra:** contre
- **correr:** courir
- **desde:** depuis
- **equipo (el):** équipe
- **estadio (el):** stade
- **Europa:** Europe
- **fútbol (el):** football
- **gaita (la):** cornemuse
- **gente (la):** les gens
- **juega (v. *jugar*, irrég.):** (il/elle) joue
- **manera (la):** manière
- **mostrar:** montrer
- **oigo (v. *oír*, irrég.):** (j')entends
- **regional:** régional(e)
- **reportero (el):** reporter
- **sidra (la):** cidre
- **siguen (v. *seguir*, irrég.):** (ils/elles) suivent
- **tocar:** toucher ; (ici) jouer de la musique
- **traje (el):** costume
- **vestido(a):** vêtu(e)
- **viste (v. *vestir*, irrég.):** (il/elle) s'habille

Maîtriser les sons

Le **s** se prononce toujours comme [ss] en français et jamais [z], même entre deux voyelles. Exemples : *la casa* (la maison), *la rosa* (la rose)
Le **t** se prononce toujours [t], comme dans le mot français « tiède », et jamais comme dans le mot « addition ». Exemple : *el sitio* (le lieu)

a. famoso
b. emisión
c. patio *(cour)*
d. aseo
e. tía
f. esos
g. tiempo
h. música
i. así
j. asistir

Maîtriser les sonorités de la phrase

Lisez les phrases suivantes en faisant attention à l'accentuation

a. El cl<u>u</u>b de f<u>ú</u>tbol asturi<u>a</u>no ju<u>e</u>ga c<u>o</u>ntra el R<u>e</u>al Madr<u>i</u>d.
b. ¿Pu<u>e</u>do hac<u>e</u>rle <u>u</u>na preg<u>u</u>nta?
c. ¿<u>S</u>e v<u>i</u>ste a<u>ú</u>n as<u>í</u> en Ast<u>u</u>rias?
d. Despu<u>é</u>s v<u>o</u>y a v<u>e</u>r al equ<u>i</u>po de Gij<u>ó</u>n.

EXPRESSIONS

- **Perdone**
→ Excusez-moi
- **De esa manera**
→ de cette façon
- **¡Claro!**
→ Bien sûr

GRAMMAIRE 1

La formation du gérondif

Le gérondif est très souvent employé en espagnol.

- Hoy **estoy hablando** desde Gijón.
→ Aujourd'hui **je** vous **parle** (en train de vous parler) depuis Gijón.

- **Estoy viendo** a un hombre con una gaita. → **Je vois** (suis en train de voir) un homme avec une cornemuse.

A) Formation

Il se construit avec le radical de l'infinitif et est invariable.

1re conjugaison
Intentar → intent**ando** Hablar → habl**ando**
2e conjugaison
Comer → com**iendo** Beber → beb**iendo**
3e conjugaison
Subir → sub**iendo**

B) Formes irrégulières

Poder → **pudiendo** *(pouvoir → pouvant)*
Seguir → **siguiendo**
Vestir → **vistiendo**
Pedir → **pidiendo**
Ir → **yendo**
Creer → **creyendo**
Freír → **friendo**
Bullir → **bullendo**

C) Emploi

Employé seul, le gérondif complète le verbe principal de la phrase. Il exprime une idée de simultanéité entre les deux actions.

- Vienen al estadio **tocando** la gaita.
→ Ils viennent au stade **en jouant** de la cornemuse.

S'ENTRAÎNER

1 Indiquez le gérondif des verbes suivants.

a. estar → ....
b. ver → ....
c. descubrir → ....
d. llevar → ....
e. jugar → ....
f. vivir → ....
g. querer → ....
h. venir → ....

2 Transformez les deux phrases en une seule en utilisant le gérondif.

➲ *Hago mis compras. Corro.*
→ ***Hago mis compras corriendo.***

a. Apoyan el equipo. Cantan muchísimo.
....

b. Gana un bono. Juega.
....

c. Como. Escucho la radio.
....

d. Corremos el maratón. Miro las calles de Madrid.
....

e. Pruebas los juegos. Voy a la empresa.
....

f. Trabaja (usted). Concibe juegos para la radio.
....

g. Visitáis Madrid. Descubrís las calles.

h. Hablo. Pienso en mi mujer.

i. Llegan. Corren.

j. Empiezas la emisión. Llaman a los oyentes.

GRAMMAIRE 2

Utiliser le gérondif pour décrire un aspect de l'action

Le gérondif permet de préciser un aspect de l'action : son actualité, sa continuité ou sa progression. Il est alors employé après les verbes *estar, seguir, ir, venir ou llevar*.

A) *estar* + gérondif : être en train de…

Pour une action en cours de réalisation.

- **Estoy hablando** desde Gijón.

→ **Je suis en train de parler** depuis Gijon

B) *seguir* ou *continuar* + gérondif : continuer à/de…

Pour une action déjà commencée qui se poursuit au moment où l'on parle.

- Algunos **siguen bebiendo** sidra.

→ Quelques-uns **continuent à boire** du cidre.

C) *ir* + gérondif : peu à peu, petit à petit

Pour une action exprimée inscrite dans un temps donné et pas encore terminée.

- La gente **va cantando y tocando** música.

→ Les gens **vont en chantant et en jouant** de la musique.

D) *venir* + gérondif

Pour insister sur le commencement de l'action.

- Esos hombres **vienen** al estadio **tocando** la gaita.

→ Ces hommes **viennent** au stade **en jouant** de la cornemuse.

S'ENTRAÎNER

3 Traduisez les phrases suivantes.

a. Je suis en train de parler depuis Gijón.

b. Le temps continue à être magnifique.

c. Je participe aux marathons depuis 2003.

d. Nous commençons les vacances en visitant Madrid et les terminons en allant à Gijon.

Résultats page 150

+ Les pronoms indéfinis

Ils expriment avec plus ou moins de précision l'idée de nombre ou de quantité.

algo: quelque chose

alguien: quelqu'un

alguno(a): un(e), l'un(e) d'eux/d'elles, quelqu'un

nada: rien

nadie: personne

ninguno(a): aucun(e)

18

Empieza el partido

Le match commence

Une rencontre inattendue...

Julio: Buenos días, queridos oyentes. Habla Julio Ramos de *Deportes del domingo*. El partido empieza dentro de diez minutos. Perdone señor, soy reportero para *Deportes del domingo*. ¿Le puedo preguntar lo que piensa del partido?

Hombre: Claro, adelante.

Julio: Oigo que usted es francés y veo que también es un hincha de un equipo español. ¿Es qué no existe la misma calidad de fútbol en Francia?

Hombre: Ji, ji, ji, muy gracioso. ¡No! Apoyo a mi país, pero también al club del Real Madrid, uno de los mejores clubes del mundo.

Julio: ¿Qué va hacer usted después del partido?

Hombre: Bueno, eso depende del resultado. Estoy con amigos de Madrid. Si perdemos la Copa del Rey regresamos directamente a Madrid, pero si ganamos, vamos a festejar la victoria aquí en Gijón.

Julio: ¿Dónde se encuentran sus amigos?

Hombre: Están en el interior, se preparan para al partido.

Julio: ¡Estupendo! Y ¿qué alojamiento tienen en Gijón?

Hombre: Estamos en el hotel Príncipe de Asturias.

Julio: ¡No me diga! Yo también, sin duda nos vemos después del partido.

Hombre: Con mucho gusto, tengo que irme. ¡Hasta luego!

VOCABULAIRE

- **adelante:** en avant
- **alojamiento(el):** logement
- **calidad (la):** qualité
- **copa (la):** coupe
- **dentro:** dans
- **directamente:** directement
- **existir:** exister
- **extranjero(a):** étranger (ère)
- **festejar:** festoyer
- **Francia:** France
- **hincha (el):** supporter
- **partido (el):** partie, match
- **preparar (se):** se préparer
- **príncipe (el):** prince
- **regresar:** retourner
- **resultado (el):** résultat
- **Rey (el):** Roi
- **victoria (la):** victoire

Maîtriser les sons

Souvenez-vous qu'en espagnol, chaque voyelle garde sa prononciation lorsqu'elle est placée à côté d'une autre voyelle.

a. Europa
b. Rey
c. acuerdo
d. gaita
e. oigo
f. increíble
g. cuando
h. aún
i. aire
j. país

Maîtriser les sonorités de la phrase

Lisez les phrases suivantes.

a. Habla Julio Ramos para *Deportes del domingo*.
b. ¿Oigo qué usted es francés?
c. ¿Es qué no existe la misma calidad de fútbol en Francia?
d. Si perdemos la Copa del Rey, regresamos directamente a Madrid.

! EXPRESSIONS

- **Perdone**
→ Excusez-moi
- **muy gracioso**
→ Très drôle
- **Con mucho gusto**
→ Avec plaisir
- **¡No me diga!**
→ Sans blague ! Pas possible !

GRAMMAIRE 1

L'expression du futur avec le présent

En espagnol, comme en français, on peut évoquer un événement futur en utilisant le présent de l'indicatif. On présente alors l'information comme certaine.

▪ El partido **empieza** dentro de diez minutos.
→ Le match **commence** dans dix minutes.

▪ Sin duda nos **vemos** después del partido.
→ Nous nous **verrons** sans doute après le match.

On peut utiliser la locution *ir a* + infinitif.

▪ **Vamos a festejar** la victoria aquí en Gijón.
→ **On va fêter** la victoire, ici, à Gijón.

GRAMMAIRE 2

La proposition a

La préposition a est très employée en espagnol. On l'utilise en particulier :

– pour indiquer le lieu où l'on va.

▪ Voy **a Madrid**. → Je vais **à Madrid**.

– pour exprimer le but, après un verbe de mouvement (voir grammaire 1).

– devant un complément d'objet direct de personne ou un pronom.

▪ Llamo **a Juan**. → J'appelle **Juan**.

▪ No veo **a nadie**.
→ Je ne vois **personne**.

! Attention : pour indiquer le lieu où l'on se trouve, on utilise la préposition en.
▪ Vamos a festejar la victoria aquí en Gijón.
→ Nous allons fêter la victoire ici, à Gijón.

S'ENTRAÎNER

1 Complétez les phrases avec le verbe indiqué entre parenthèses.

a. Esta noche ________________ al cine. *(ir)*

b. Mañana ________________ al fútbol. *(jugar)*

c. Este verano ________________ de vacaciones a París. *(ir)*

d. Mañana, ________________ la plaza Mayor. *(visitar)*

e. Después de comer vas a ________________ ________________. *(trabajar)*

S'ENTRAÎNER

2 Traduisez les phrases suivantes.

a. Je suis à Gijón avec les supporters du Real Madrid.

____

b. Je vais visiter Gijón avec mon mari.

____

c. Je parle à la radio avec un Français.

____

d. Tu connais la cousine de Sara.

____

e. Vous allez voir un match de football.

____

GRAMMAIRE 3

Les articles contractés

Précédés des propositions **a** ou **de**, l'article masculin singulier est contracté.

- **a** + **el** devient **al** (au)
- **de** + **el** devient **del** (du)

▪ Jugamos **al** fútbol.
→ Nous jouons **au** football.

▪ Los hinchas **del** Real Madrid
→ Les supporters **du** Real Madrid

GRAMMAIRE 4

L'article neutre lo

L'article **lo** n'a pas d'équivalent en français, il n'est jamais placé devant un nom.

A) Lo + adjectif ou participe

Placé devant un adjectif ou un participe, il le transforme en nom. Il peut alors se traduire par « ce qui est… », « ce qu'il y a de … ».

▪ **lo** bueno → **ce qu'il y a de** bon

▪ **lo** difícil → **ce qu'il y a de** difficile

B) Lo + que

On utilise **lo** + **que** pour traduire « ce qui », « ce que ».

▪ ¿Le puedo preguntar **lo que** piensa del partido?
→ Puis-je vous demander **ce que** vous pensez du match ?

C) Quelques tournures adverbiales

lo más posible	le plus possible
por lo cual	donc
por lo menos	au moins
por lo tanto	par conséquent

S'ENTRAÎNER

3 Transformez les phrases comme dans l'exemple.

➔ *La pregunta es difícil.*
→ ***Lo difícil es la pregunta.***

a. Ganar el partido es estupendo.

....

b. Es gracioso apoyar un equipo europeo.

....

c. Estoy seguro que el Madrid va a ganar el partido.

....

d. Jugar a los videojuegos es pesado.

....

e. Cocinar chino es fácil.

....

Résultats page 151

+ Les sports

baloncesto: basket
béisbol: baseball
esquí acuático: ski nautique
esquí alpino: ski de piste
esquí de fondo: ski de fond
fútbol: football
natación: natation
rugby: rugby
tenis: tennis

Test 9

1 Répondez aux questions suivant le modèle.

➲ *¿Qué haces? (jugar al fútbol)*
→ ***Estoy jugando al fútbol.***

a. ¿Qué hacen Angelina y su marido? *(probar videojuegos)*

b. ¿Qué haces? *(acabar de comer)*

c. ¿Qué hacéis? *(apoyar al equipo)*

d. ¿Qué hace el hombre? *(asistir al partido de fútbol)*

e. ¿Qué hacéis en Gijón? *(escuchar la gaita)*

f. ¿Qué haces? *(ir de vacaciones)*

g. ¿Qué hacen los hinchas? *(beber sidra)*

h. ¿Qué hace la mujer? *(ver al equipo de Gijón)*

i. ¿Qué hacen tus amigos? *(visitar la ciudad)*

2 Voici quelques rendez-vous que vous avez notés pour la semaine à venir : en utilisant dentro suivi du nombre de jours et du verbe au présent, dites ce que vous devez faire.

Nous sommes *sábado 12 de mayo.*

➲ ***Dentro dos días, compro zapatos nuevos.***

Lunes 14/05	*Comprar zapatos nuevos*
Martes	*Visitar París*
Miércoles	*Trabajar con amigos franceses*
Jueves	*Ir al cine*
Viernes	*Jugar al fútbol*
Sábado	*Asistir a un partido de fútbol*
Domingo	*Comer con mi primo*

Oral

Lisez et répondez aux questions en utilisant les formules qui permettent d'exprimer votre opinion, en employant l'article neutre *lo*.

➲ *supongo que – ¿Es fácil cocinar chino?*
→ ***Supongo que lo fácil es cocinar chino.***

a. creo que – ¿Es estupendo visitar la ciudad?

b. creo que – ¿Es difícil ganar el partido?

c. para mí – ¿Es bueno comer verduras?

d. pienso que – ¿Es agradable jugar al fútbol?

e. me parece que – ¿Es mejor dormir en el interior del hotel?

f. según yo – ¿Es entretenido cocinar?

g. supongo que – ¿Es importante apoyar a su equipo?

Expressions

- À plus tard, à tout à l'heure.
  → **Hasta luego.**
- À demain.
  → **Hasta mañana.**
- À la semaine prochaine.
  → **Hasta la semana próxima.**

Résultats page 151

Clin d'œil sur...

l'art de vivre en Espagne

- Avec la fin de la dictature franquiste, en même temps que la démocratie, a commencé en Espagne une libéralisation des mœurs extrêmement rapide et très attendue par tous les Espagnols.

- La *movida* (= mouvement), mouvement artistique né à Madrid dans les années 1980, a incarné cette envie de changement et de créativité, y compris dans ses excès. Ce terme aujourd'hui évoque le besoin de bouger.

- Il correspond à un art de vivre hispanique que l'on retrouve dans les *paseos* (promenades) et les sorties tardives des Espagnols dans les bars où ils se retrouvent autour d'un verre en mangeant des tapas.

SÉQUENCE 10

Dar un paseo por la ciudad

- **Adoro hacer compras** page 118
- **¿Quiere ruibarbo?** page 122

LES OBJECTIFS :

- dire l'heure
- proposer quelque chose
- faire une demande polie
- connaître les participes passés

19

Adoro hacer compras

J'adore faire les courses

C'est l'heure de la promenade accompagnée dans Madrid avec Eduardo et Ana.

Eduardo Pérez: Al micrófono, Eduardo Pérez para nuestra emisión *Dar un paseo por la ciudad*. Hoy por la mañana, visitamos el mercado de la Cebada de Madrid. Está situado no muy lejos del famoso museo del Prado. Es un lugar muy animado y ruidoso. Durante el día, se pueden comprar maravillosas frutas, cantidad de verduras, carne y también pescado. Después de hacer compras, ¿porqué no dar un paseo por la tarde y visitar el museo, situado detrás del mercado?

Ana: Sí, y para ir al mercado, es facilísimo. Se puede tomar el metro o coger el autobús, las líneas 21, 35, 40, 133, 343 y 381 que le dejan muy cerca. También hay un aparcamiento a dos manzanas del mercado. Pero cuidado, porque después de las 10 de la mañana está completo. Pero, a un cuarto de hora a pie del mercado, hace tres meses abrieron otro aparcamiento, más grande.

Eduardo: Puedo añadir que el mercado de la Cebada es uno de los más antiguos de Madrid. Fue construido en 1870. Está abierto de lunes a jueves, desde las seis y media de la mañana hasta las cinco de la tarde; el viernes, desde las siete menos cuarto de la mañana hasta las nueve de la noche.

Ana: ¡Dios mío, este mercado cubierto me encanta! Aquí adentro todo parece fantástico. Mira Eduardo, ¿qué es eso? ¿Verduras?

VOCABULAIRE

- **abrieron (v. *abrir*, irrég.):** ils ont ouvert
- **admirar:** admirer
- **animado (v. *animar*):** animé(e)
- **antiguo(a):** ancien(ne)
- **aparcamiento (el):** parking
- **autobús (el):** autobus
- **coger:** prendre
- **completo(a):** complet (-ète)
- **cuarto (el):** quart
- **cubierto (v. *cubrir*, irrég.):** couvert(e)
- **cuidado (el):** attention
- **dar un paseo:** faire une promenade
- **detrás:** derrière
- **encantar:** enchanter
- **fruta (la):** fruit
- **hasta:** jusqu'à
- **lejos:** loin
- **línea (la):** ligne
- **mañana (la):** matin
- **manzana (la):** pâté de maison
- **maravilloso(a):** merveilleux (-euse)
- **medio(a):** demi(e)
- **mercado (el):** marché
- **metro (el):** métro
- **micrófono (el):** micro
- **museo (el):** musée
- **paseo (el):** promenade
- **pie (el):** pied
- **¿Por qué?:** Pourquoi ? (pour une interrogation indirecte : *porqué*)
- **ruidoso(a):** bruyant(e)
- **situado (v. *situar*):** situé(e)
- **tarde (de la):** (de l')après-midi
- **tarde (por la):** (durant) l'après-midi
- **tomar:** prendre
- **vender:** vendre

Maîtriser les sons

Répétez ces mots en prononçant distinctement toutes les voyelles.

a. Dios
b. hacia
c. cubierto
d. situado
e. antiguos
f. ruidoso
g. pueden
h. aparcamiento

Maîtriser les sonorités de la phrase

Lisez les phrases suivantes.

a. Es un lugar muy animado y ruidoso.
b. Se pueden comprar maravillosas frutas y cantidad de verduras.
c. Hace tres meses que abrieron otro aparcamiento más grande.
d. Está abierto de lunes a jueves desde las seis y media de la mañana.
e. Mira Eduardo, ¿qué es eso? ¿Verduras?

! EXPRESSIONS

- **¡Dios mío!**
→ Mon Dieu !
- **¿Qué es eso?**
→ Qu'est-ce que c'est que ça ?

GRAMMAIRE 1

Le participe passé

A) Formation

Le participe passé se forme à partir du radical de l'infinitif.

– On ajoute -ado aux verbes en -ar.

intentar → intent**ado**(a)

– On ajoute -ido aux verbes en -er et -ir.

comer → com**ido**(a)

subir → sub**ido**(a)

– Quelques verbes ont un participe passé irrégulier.

abrir → **abierto(a)**
cubrir → **cubierto(a)**
decir → **dicho(a)**
hacer → **hecho(a)**
poner → **puesto(a)**
ver → **visto(a)**
volver → **vuelto(a)**

B) L'emploi du participe passé

– Employé avec estar, le participe passé exprime un état ou le résultat d'une action. Il s'accorde alors avec le sujet.

- El mercado **está situado** no muy lejos del famoso museo del Prado.
→ Le marché **est situé** pas très loin du fameux musée du Prado.

– Il peut être utilisé comme adjectif. Il s'accorde avec le nom qu'il qualifie.

- Es un lugar muy **animado.**
→ C'est un lieu très **animé**.

- Este mercado **cubierto** me encanta.
→ Ce marché **couvert** m'enchante.

S'ENTRAÎNER

1 Complétez avec le participe passé des verbes indiqués à la forme qui convient.

➲ *El restaurante está* __________ *(abrir).*
→ ***El restaurante está abierto.***

a. Los huevos están __________. *(mezclar)*

b. El hotel está __________ con hielo. *(construir)*

c. La mujer está __________. *(desesperar)*

d. Las cebollas están __________. *(pelar)*

e. Los participantes están __________. *(perder)*

f. El huésped está __________ en su habitación. *(instalar)*

GRAMMAIRE 2

La localisation dans le temps

– En espagnol, on dispose, comme en français, de nombreuses locutions pour indiquer la situation dans le temps.

la semana pasada	la semaine dernière
ayer	hier
hoy	aujourd'hui
mañana	demain
dentro de tres meses	dans trois mois

- **Hace tres meses** que está abierto este aparcamiento.
→ **Il y a trois mois** que ce parking est ouvert.

– Les moments de la journée sont introduits par les prépositions por ou de.

- Hoy **por la mañana**, visitamos el mercado.
→ Aujourd'hui, **ce matin**, nous visitons le marché.

- ¿Porqué no dar un paseo **por la tarde**?
→ Pourquoi ne pas faire une promenade **l'après-midi** ?

por *la noche*	le soir
de *día*	de jour
de *noche*	de nuit

Notez que le même mot signifie « matin » et « demain ». Donc demain matin = *mañana por la mañana*.

S'ENTRAÎNER

2 Traduisez les phrases en espagnol.

a. Le matin, je prends l'autobus 21.

b. L'après-midi, je fais une promenade.

c. Aujourd'hui, tu visites Madrid.

d. Dans deux semaines, ils vont à Paris.

e. Demain matin, j'achète des légumes.

f. Nous dormons à l'hôtel la nuit.

g. Le parking est ouvert de nuit.

GRAMMAIRE 3

Dire et demander l'heure

A) Poser la question

- ¿Qué hora es? → Quelle heure est-il ?

B) Répondre

– En espagnol, le mot **hora** (heure) est presque toujours sous-entendu.

– Les heures sont toujours précédées de l'article féminin défini qui s'accorde avec le nombre d'heures.

- **la una** → une heure
- **las tres** → trois heures

– Quand on répond avec une phrase complète, on utilise le verbe être (comme en français). Mais attention ! Il s'accorde en genre et en nombre avec le nombre d'heures. De plus, comme on dit l'heure avec 12 heures, il faut préciser la partie de la journée concernée.

- **Es** la una **de la mañana.**
→ **Il est** une heure **du matin.**
- **Son** las tres **de la tarde.**
→ **Il est** trois heures **de l'après-midi.**

C) Les heures et les minutes

On emploie la conjonction **y** (et) et l'adverbe ***menos*** (moins).

- las diez **y** cinco → dix heures cinq
- las once **menos** cuarto
→ onze heures **moins** le quart
- **Es** la una **de la mañana.**
→ **Il est** une heure **du matin.**
- **Son** las tres **de la tarde.**
→ **Il est** trois heures **de l'après-midi.**

S'ENTRAÎNER

3 Donnez l'heure, de 10 minutes en 10 minutes, à partir de 1 heure, et jusqu'à 2 heures et demie.

Résultats page 152

+ Quelques adverbes de lieu

adentro: dedans	**fuera:** dehors
aquí: ici	**ahí:** là
arriba: en haut	**abajo:** en bas
debajo: dessous	**encima:** dessus
delante: devant	**detrás:** derrière
lejos: loin	**cerca:** près

20

¿Quiere ruibarbo?

Voulez-vous de la rhubarbe ?

Découverte des fruits et légumes en direct à l'antenne...

Eduardo: Esto es ruibarbo, Ana. ¿Nunca lo has visto?

Ana: ¿Oh,... de veras?

Vendedor: Sí, señora, de la mejor calidad. ¿Puedo atenderla? ¿Desea usted un poco de ruibarbo? Es muy barato y muy sano.

Ana: Sí, pero nunca lo he cocinado.

Vendedor: He conseguido una estupenda receta de tarta de ruibarbo. ¿La quiere?

Eduardo: Gracias señor. Ana no sabe cocinar. En el mercado, la gente es muy amable. ¿Tiene usted algún mango?

Vendedor: ¡No, lo siento señor! No vendo ningún tipo de fruta exótica. Quizás la puede conseguir en la frutería de Pablo. Suele vender varias clases de mangos. Pero antes de irse, ¿qué le parecen unas setas muy fresquitas?

Eduardo: ¡Sí! Me gustan mucho las setas. ¿Tiene usted pepinos?

Vendedor: Sí, vendo tres por el precio de dos.

Eduardo: ¡Perfecto! También deseo unas pocas patatas, por favor.

Ana: Eduardo, deja de comprarlo todo, te lo ruego, no olvides que nuestros oyentes nos esperan. Y no hemos traído una cesta para llevarnos las compras.

Eduardo: ¡Bueno, mujer! Queridos oyentes, como pueden ver, en el mercado de la Cebada, hay una gran variedad de productos.

VOCABULAIRE

- **amable:** aimable
- **atender:** s'occuper de
- **barato(a):** bon marché
- **cesta (la):** panier
- **clase (la):** classe, type
- **calidad (la):** qualité
- **desear:** désirer
- **exótico(a):** exotique
- **fresquito(a):** très frais
- **frutería (la):** magasin primeur
- **mango (el):** mangue
- **olvidar:** oublier
- **pepino (el):** concombre
- **perfecto(a):** parfait(e)
- **precio (el):** prix
- **ruego (te lo...) (v. *rogar*, irrég.):** prie
- **ruibarbo (el):** rhubarbe
- **sano(a):** sain(e)
- **seta (la):** champignon
- **tarta (la):** tarte
- **tipo (el):** sorte
- **traido:** participe passé de *traer* (irrég.), apporter
- **variedad (la):** variété
- **varios(as):** plusieurs
- **vendedor(a) (el/la):** vendeur/vendeuse

Maîtriser les sons

Souvenez-vous : la lettre j, *(la jota)* en espagnol, se prononce en raclant la gorge, de même que la lettre g *(la ge)* lorsqu'elle est suivie d'un e ou d'un *i*.

a. jefe
b. jovencillo
c. gente
d. extranjera *(étrangère)*
e. festejar
f. juego
g. Gijón
h. traje
i. lejos
j. julio

Maîtriser les sonorités de la phrase

Lisez les phrases suivantes.

a. ¿Nunca lo has visto?
b. ¿Desea usted un poco de ruibarbo?
c. No vendo ningún tipo de fruta exótica.
d. Me gustan mucho las setas.
e. También deseo unas pocas patatas, por favor.

EXPRESSIONS

- **¿De veras?**
→ Vraiment ?
- **¿Puedo atenderla?/¿Puedo atenderle?**
→ Que puis-je faire pour vous?
- **¿Qué le parece?**
→ Qu'en pensez-vous?
- **Te lo ruego**
→ Je t'en prie

GRAMMAIRE 1

Exprimer une quantité indéterminée

	Traduction	Exemple
unos, unas	quelques, des, certaines	▪ ¿Que le parecen **unas** setas muy fresquitas? → Que diriez-vous **de** champignons très frais ?
algunos, algunas	quelques, des, certaines (quantités plus faibles)	▪ ¿Tiene usted **algún** mango? → Avez-vous **des** mangues ?
ningún, ninguna	aucun, aucune	▪ No vendo **ningún** tipo de fruta exótica. → Je ne vends **aucune** sorte de fruit exotique.
poco(os), poca(as)	peu	▪ Deseo **pocas** patatas. → Je désire **peu** *de* pommes de terre.
varios, varias	plusieurs	▪ Suele vender **varias** clases de mangos. → Il a l'habitude de vendre **plusieurs** sortes de mangues.

Vous connaissez également :

– **mucho(s), mucha(s):** beaucoup de, de nombreux(ses)

– **todo(s), toda(s):** tout (tous), toute(s)

! Lorsqu'il est complément d'objet direct, **todo** est accompagné de **lo**.
▪ Deja de comprar**lo todo**.
→ Arrête de **tout** acheter.

S'ENTRAÎNER

1 Traduisez les phrases suivantes.

a. Je vais visiter Madrid quelques jours.

____

b. Quelques amis viennent manger ce soir.

____

c. Au marché de la Cebada, ils ne vendent aucun jeu vidéo.

____

d. Il faut peu de sel dans la soupe.

____

GRAMMAIRE 2

Aimer : *gustar*, *querer* et *amar*

Ces trois verbes signifient « aimer » en espagnol.

– Pour dire que l'on aime quelque chose, on utilise le verbe **gustar**.

Sa construction est particulière : le sujet est exprimé par un pronom complément d'objet (**j'**aime… = **me** gusta).

(a mí) me
(a tí) te
(a el/ella/usted) le
(a nosotros/as)
(a vosotros/as)
(a ellos/as/ustedes

gusta el pepino
gustan las verduras

– Pour dire que l'on aime quelqu'un, on utilise le verbe **querer** + **a** + (nom de la personne), ou, pour un amour plus fort, **amar** + **a** + (nom de la personne).

S'ENTRAÎNER

2 Complétez avec le verbe aimer qui convient.

➔ *(Tú)* .... *Pablo.*
→ ***Quieres a Pablo.***

➔ *(Ella)* .... *las corbatas.*
→ ***Le gustan las corbatas.***

a. (Tú) .... las verduras.

b. Los padres .... sus hijos.

c. Romeo .... Julieta.

d. (Yo) .... jugar a los videojuegos.

e. (Nosotros) .... escuchar la radio.

GRAMMAIRE 3

Le passé composé

A) Emploi

Le passé composé exprime une action passée dont les conséquences sont encore présentes, ou une action accomplie à un moment déterminé.

B) Formation

Le passé composé se forme avec l'auxiliaire **haber** conjugué + **participe passé** du verbe. Ce participe passé est invariable et inséparable.

- ¿Jamás lo **has visto**?
➔ Tu n'en **as** jamais **vu** ?
- **He conseguido** una estupenda receta.
➔ **J'ai obtenu** une recette formidable.

S'ENTRAÎNER

3 Transformez les phrases suivantes au passé composé.

➔ No traemos una cesta.
→ ***No hemos traído una cesta.***

a. Visitas Madrid.

....

b. Corremos mucho durante el maratón.

....

c. Compro una corbata negra.

....

Résultats page 152

+ Les fruits

albaricoque (el): abricot
cereza (la): cerise
fresa (la): fraise
manzana (la): pomme
naranja (la): orange
pera (la): poire
melocotón (el): pêche
plátano (el): banane
pomelo (el): pamplemousse
uva (la): raisin

Test 10

1 Transformez les phrases au présent en phrases au passé composé.

➲ Reservamos una habitación.
→ ***Hemos reservado una habitación.***

a. Carmen compra un repollo.

b. Llevas un vestido blanco.

c. Deseo un poco de patatas.

d. Vendemos muchas verduras.

e. Miran las setas muy fresquitas.

f. Voy a hacer compras al mercado.

2 Traduisez les phrases suivantes.

➲ *J'aime cuisiner.*
→ ***Me gusta cocinar.***

a. Tu aimes les fruits exotiques.

b. Nous aimons le cinéma.

c. Ils ont aimé ce restaurant chinois.

d. José aime Carmencita.

e. J'aime mon cousin Ovidio.

f. Aimez-vous les pêches ?

3 Construisez une phrase avec les éléments donnés.

➲ *muchas / mercado / patatas / compro /en / el / .*
→ ***Compro muchas patatas en el mercado.***

a. ¿ / algún / tiene / pomelo / usted / ?

b. veo /ningún / calle / corredor /no / en la.

c. naranjas / quiero / pocas / unas / .

d. varias / juegos / clases / hay / de / .

e. el maratón / participantes / hay / en / muchos / .

f. ir / quieren / al / hielo / hotel / todos / de / .

Oral

Lisez la question et répondez par une phrase complète en donnant l'heure et en utilisant suivant le cas *de la tarde* ou de *la mañana*.

➲ *¿A qué hora vas a correr ? 8 h 00*
→ ***Voy a correr a las ocho de la mañana.***

a. ¿A qué hora vas a la reunión? – 14h

b. ¿A qué hora vamos a ver Pablo? – 23h

c. ¿A qué hora van a ver el partido de fútbol? – 19h

d. ¿A qué hora coméis en el restaurante? – 22 h 30

e. ¿A qué hora participas en el maratón? – 8 h 15

f. ¿A qué hora juegas a los videojuegos? – 8 h 50

Expressions

- Je peux vous aider ?
  → **¿Puedo atenderle?**
- Non, merci.
  → **No, gracias.**
- Que désirez-vous, monsieur ?
  → **¿Qué desea, señor?**
- Je vous en prie, madame.
  → **Le ruego, señora.**

Résultats page 152

Traduction des dialogues

Chapitre 1 page 10

■ Buenos días
▶ Bonjour

Bienvenue sur Radio Es mi planeta, votre nouvelle station de radio !

Víctor Zalegon: Buenos días, habla Víctor Zalegon, en antena de *Radio Es mi planeta,* la radio de Asturias. El tiempo hoy en Asturias es estupendo. Es la hora de nuestro juego. ¿Quién es el primero?

Una mujer: ¿Diga? ¡Estoy muy contenta! ¿Es usted Víctor Zalegon?

Víctor Zalegon: Sí, soy Víctor. ¿Cómo estás?

Victor Zalegon : Bonjour, au micro Víctor Zalegon, à l'antenne de Radio C'est ma planète, la radio des Asturies. Il fait un temps magnifique aujourd'hui dans les Asturies. C'est l'heure de notre jeu. Qui est le premier ?

Une femme : Allo ? Je suis très contente ! Vous êtes Víctor Zalegon ?

Victor Zalegon : Oui, c'est Víctor. Comment vas-tu ?

Chapitre 2 page 14

■ ¿Cómo se llama por favor?
▶ Comment vous appelez-vous, s'il vous plaît ?

Víctor demande à la candidate de se présenter.

Víctor: ¿Cómo te llamas?

La mujer: Me llamo Sara Florida.

Víctor: ¡Hola, Sara! ¿Tu apellido se escribe F-O-L-R-I-D-A, verdad?

Sara: No, se escribe F-L-O-R-I-D-A.

Víctor: Gracias Sara, ¿de dónde eres?

Sara: Vivo en Madrid pero soy asturiana, de Oviedo. ¿Cuál es la primera pregunta hoy?

Víctor: ¿De qué color es mi corbata?

Sara: Tu corbata es verde.

Víctor: ¡Bravo! Ganas 50 euros. Y la segunda pregunta: ¿de qué color son mis zapatos?

Sara: Son negros.

Víctor: No, ¡son blancos! Pierdes 50 euros. Lo siento, estamos con retraso. Adiós.

Sara: De acuerdo, hasta luego.

Víctor : Comment t'appelles-tu ?

Femme : Je m'appelle Sara Florida.

Víctor : Bonjour Sara ! Ton nom s'écrit F-O-L-R-I-D-A, n'est-ce pas ?

Sara : Non, il s'écrit F-L-O-R-I-D-A.

Víctor : Merci, Sara. D'où es-tu ?

Sara : Je vis à Madrid mais je suis asturienne, d'Oviedo. Quelle est la première question aujourd'hui ?

Víctor : De quelle couleur est ma cravate ?

Sara : Ta cravate est verte !

Víctor : Bravo ! Tu gagnes 50 euros. Et la deuxième question : de quelle couleur sont mes chaussures ?

Sara : Elles sont noires.

Víctor : Non, elles sont blanches ! Tu perds 50 euros. Désolé, nous sommes en retard. Au revoir.

Sara : D'accord, à bientôt.

Chapitre 3 page 22

■ Tengo un nuevo juego
▶ J'ai un nouveau jeu

Juan et sa collègue Inés présentent un nouveau jeu.

Juan: Hoy, tengo un nuevo juego. Se llama *La maleta*. Mira, aquí tengo una maleta, y en mi maleta tengo mucho dinero… ¿Inés, cuánto dinero tengo?

Inés: ¡No tengo ni idea!

Juan: Bueno, mucho. Ahora, Inés, intenta adivinar, ¿cuánto tengo?

Inés: Oh, no lo sé… ¿cien euros?

Juan: ¡Error! no tengo cien euros, tengo más.

Inés: ¿Doscientos euros?

Juan: ¡No! No tengo doscientos euros. Tengo más. ¡Tengo... cinco mil euros!

Inés: ¡Cinco mil euros! ¡Hombre! eso sí que es mucho dinero!

Juan: ¡Sí! ¿Estás lista? Llamemos la primera persona.

Juan : Aujourd'hui, j'ai un nouveau jeu. Il s'appelle « La valise ». Regarde, j'ai une valise ici, et dans ma valise, j'ai beaucoup d'argent... Inés, combien d'argent ai-je ?

Inés : Je n'en ai aucune idée !

Juan : Eh bien, beaucoup. Maintenant, Inés, essaie de deviner, combien j'ai ?

Inés : Oh, je ne sais pas... Cent euros ?

Juan : Faux. Je n'ai pas 100 euros, j'ai davantage.

Inés : Deux cents euros ?

Juan : Non. Je n'ai pas 200 euros. J'ai plus. J'ai... 5 000 euros !

Inés : Cinq mille euros ! Ça alors ! Ça oui, c'est beaucoup d'argent !

Juan : Exact ! Es-tu prête ? Appelons la première personne.

Chapitre 4 page 26

¡Tiene cinco mil euros en su maleta!

▶ Il a 5000 euros dans sa valise !

Juan et Inés téléphonent aux auditeurs.

Juan: Ahora, Inés, dame los números de teléfono, por favor. Es increíble: ¡hay tantos números en la lista! Llamemos a Ovidio Díaz. Tengo el 2 – 3 – 4 – 4 – 0 – 5, ¿tienes el mismo número? ¿Ovidio está en casa? No hay nadie. ¡Qué pena!

Inés: No importa. Intentemos otro número de teléfono. Aquí tengo: 5 – 3 – 3 – 0 – 0 – 2. **...** ¿Oiga? Soy Inés de la radio. ¿Cómo se llama usted?

Señora: ¡Hola! me llamo Rita, de Sevilla. Adoro *Radio Es mi planeta.*

Inés: Muchas gracias, Rita. Escuche. Juan tiene una maleta con dinero dentro. ¿Cuánto...

Rita: Lo sé. Y también sé que Juan tiene 5000 € en su maleta.

Inés: ¡Bravo, Rita! Gana 5000 €.

Juan : Maintenant, Inés, donne-moi les numéros de téléphone, s'il te plaît. C'est incroyable : il y a tellement de numéros sur la liste ! Appelons Ovidio Díaz. J'ai le 2 – 3 – 4 – 4 – 0 – 5. Tu as le même numéro ? Ovidio est-il chez lui ? Il n'y a personne. Quel dommage !

Inés : Ça ne fait rien. Essayons un autre numéro. J'ai ici le : 5 – 3 – 3 – 0 – 0 – 2. **...** Allo? C'est Inés de la radio. Comment vous appelez-vous ?

Femme : Bonjour ! Je m'appelle Rita, de Séville. J'adore Radio *Es my planeta*.

Inés : Merci beaucoup, Rita. Écoutez, Juan a une valise avec de l'argent à l'intérieur.

Combien...

Rita : Je sais. Et je sais aussi que Juan a 5 000 euros dans sa valise.

Inés : Bravo, Rita. Vous gagnez 5 000 euros.

Chapitre 5 page 34

El juego de los nombres

▶ Le jeu des prénoms

Les auditeurs appellent...

Esteban: Buenas tardes. Habla Esteban aquí en *Radio Es mi planeta.* Hoy viernes después de comer, empecemos un nuevo juego llamado juego del nombre. ¿Queridos oyentes, están listos?... Pero antes de empezar, una pausa publicitaria. ¡Sigan escuchando!
¿Tiene usted zapatos nuevos? ¿Sus zapatos nuevos están blancos? "Mis zapatos blancos están sucios. ¡Estoy desesperada!" No se desespere como Carmen porque sus zapatos blancos están sucios. ¡Para conservar

siempre sus zapatos blancos, utilice Super Blanco! Para más información, llame al 800-212112. ¡Para conservar sus zapatos blancos: siempre Super Blanco!

Esteban: Después de este corto intermedio publicitario, volvamos a nuestro juego del nombre. Hoy, el nombre del juego es... Manuel. Bueno, vamos con la primera llamada. ¿Diga? ¿Cómo se llama usted?

Rosa: Me llamo Rosa Cascabeles, soy de Madrid. ¡Qué suerte! Conozco una persona que se llama Manuel. ¡Oh, estoy contentísima!

Esteban: ¡Estupendo, Rosa! ¿Quién es Manuel?

Rosa: ¡Es el vecino de mi futuro marido!

Esteban: Bonjour *(l'après-midi)*. C'est Esteban qui vous parle sur *Radio Es mi planeta*. Aujourd'hui vendredi après déjeuner, nous commençons un nouveau jeu appelé le jeu du prénom. Chers auditeurs, êtes-vous prêts ?... Mais avant de commencer une pause publicitaire. Restez à l'écoute !

« Vous avez des chaussures neuves ? Vos chaussures neuves sont blanches ? "Mes chaussures blanches sont sales. Je suis désespérée !" Ne vous désespérez pas comme Carmen parce que vos chaussures blanches sont sales ! Pour conserver des chaussures toujours blanches : utilisez Super Blanc ! Pour plus d'informations, appelez le 800-212112. Pour conserver vos chaussures blanches : toujours Super Blanc ! »

Esteban: Après cette courte pause publicitaire, revenons à notre jeu du prénom. Aujourd'hui, le prénom du jeu est... Manuel ! Bien, allons-y avec le premier appel. Allo ? Comment vous appelez-vous ?

Rosa: Je m'appelle Rosa Cascabelles, je suis de Madrid. Quelle chance ! Je connais une personne qui s'appelle Manuel. Oh, je suis extrêmement contente !

Esteban: Formidable, Rosa! Qui est Manuel ?

Rosa: C'est le voisin de mon futur mari !

Chapitre 6 page 38

■ ¡Al siguiente!

▶ Au suivant !

Rosa n'a pas compris le jeu. Un autre auditeur est en ligne.

Esteban: Lo siento, Rosa. El vecino de su futuro marido no es de su familia y es la condición para ganar. ¿Tiene alguien que se llame Manuel en su familia?

Rosa: No, pero hay cuatro nombres que empiezan por "Ma". Se trata de María, la hermana de mi tío, también Mari Carmen, que es la prima de mi hija, María Antonia, la mujer de mi primo, y también Marquisito, mi primo de Granada.

Esteban: Rosa, discúlpeme, pero no hay ningún Manuel en su familia. Lo siento mucho. Intentelo de nuevo la próxima semana. ¡Hasta pronto! ¿Otro oyente? ¡Hola! ¿Cómo se llama?

José María: Me llamo José María Zápico, y tengo un Manuel en mi familia. Mi padre se llama Manuel. Soy su hijo.

Esteban: ¡Estupendo! Su padre gana 100 euros de bonos para comprar en el Corte Inglés. Nos envía una fotocopia del DNI de su padre. Sin falta, ¡eh!

José María: ¡Muchísimas gracias! ¡Adiós! ...

Esteban : Oh, désolé, Rosa. Le voisin de votre futur mari n'est pas quelqu'un de votre famille et c'est la condition pour gagner. Y a-t-il quelqu'un qui s'appelle Manuel dans votre famille, Rosa ?

Rosa : Non, mais il y a quatre prénoms qui commencent par "ma". Il s'agit de Maria, la sœur de mon oncle, et aussi Mari Carmen, qui est la cousine de ma fille, Maria Antonia, la femme de mon cousin et aussi Marquisito, mon cousin de Grenade.

Esteban : Rosa, pardonnez-moi, mais il n'y a pas de Manuel dans votre famille. Je suis vraiment désolé. Essayez de nouveau la semaine prochaine. À bientôt ! Un autre auditeur ? Bonjour ! Comment vous appelez-vous?

José-Maria : Je m'appelle José Maria Zápico. Et j'ai un Manuel dans ma famille. Mon père s'appelle Manuel. Je suis son fils.

Esteban : Formidable ! Votre père gagne un bon d'achat de 100 euros au Corte Inglés. Envoyez-nous une photocopie de la pièce d'identité de votre père. Sans faute, hein !

José-Maria : Merci mille fois ! Au revoir !...

Chapitre 7 page 46

■ Cada año más importante

▶ Plus important chaque année

Et à présent, c'est l'heure du reportage sportif.

Mario Suárez: Habla Mario Suárez para *Los deportes del sábado.* Nuestro reportaje de hoy trata del maratón de mañana en Madrid. Pedro Canales es uno de los organizadores.

Pedro Canales: Muchas gracias por su invitación, Mario.

Mario: ¿Son muchos los participantes en la carrera?

Pedro: El primer maratón de Madrid fue un éxito rotundo. Fueron más de 7.700 corredores.

Mario: ¿Y mañana?

Pedro: Este año hay más corredores que el año pasado, esperamos el mayor éxito.

Mario: ¿Cuántos participantes?

Pedro: Más de 45.000 corredores. ¡Claro que el maratón no es más largo pero es cada año más importante!

Mario: ¿Es difícil de organizar?

Pedro: Bueno, es más difícil de lo que cree, más difícil que organizar un cumpleaños. Tenemos mucho que pensar. Por ejemplo, instalar un distribuidor de agua cada kilómetro, esos aparatos son indispensables. También debemos instalar un aseo cada dos kilómetros, 500 aseos por lo menos.

Mario Suárez : C'est Mario Suárez qui vous parle pour « Les sports du samedi ». Notre reportage d'aujourd'hui concerne le marathon de demain à Madrid. Pedro Canales est l'un des organisateurs.

Pedro Canales : Merci beaucoup pour votre invitation, Mario.

Mario : Les participants à la course sont-ils nombreux ?

Pedro : Le premier marathon de Madrid eut un succès retentissant. Il y eut plus de 7700 coureurs.

Mario : Et demain ?

Pedro : Cette année il y a plus de coureurs que l'année dernière, nous attendons un plus grand succès.

Mario : Combien de participants ?

Pedro : Plus de 45000 coureurs. Le marathon n'est pas plus long, bien sûr, mais il est plus important chaque année.

Mario : Est-ce difficile à organiser ?

Pedro : Bon, c'est plus difficile que ce que vous croyez, plus difficile qu'organiser une fête d'anniversaire ! Il y a beaucoup à penser. Par exemple, installer un distributeur d'eau chaque kilomètre, ces appareils sont indispensables. Nous devons également installer des toilettes tous les deux kilomètres, au moins 500 toilettes.

Chapitre 8 page 50

■ ¡La corredora más anciana tenía 90 años!

▶ La marathonienne la plus âgée avait 90 ans !

Le lendemain, c'est le grand jour.

Mario Suárez: Queridos oyentes, de nuevo con vosotros, Mario Suárez. Hoy estoy otra vez con Pedro Canales, cerca de la plaza Mayor, aquí en Madrid. ¿Pedro, dónde empieza exactamente el maratón?

Pedro: Hay tres salidas, con tres recorridos muy diferentes. Detrás de nosotros se encuentra el recorrido rojo. El recorrido verde se encuentra en la próxima calle, y el recorrido azul cerca de la plaza de la Cibeles. Es más fácil tener tres recorridos al empezar.

Mario: ¿Cuál es el lugar más agradable de la carrera?

Pedro: La vista más famosa es el kilómetro 6, delante de la Cibeles. Pero el mejor lugar es sin duda la plaza Mayor.

Mario: ¿Qué recorrido es el más difícil para los participantes?

Pedro: Pues, supongo que el último kilómetro es pesado, pero la calle de Alcalá es sin duda la calle más bella de Madrid.

Mario: ¿Qué edad tienen los corredores?

Pedro: Hay un recorrido especial para jóvenes deportivos. Paulina González fue la corredora más anciana en 2002: tenía 90 años.

Mario Suárez : Chers auditeurs, de nouveau avec vous, Mario Suárez. Aujourd'hui, je suis à nouveau avec Pedro Canales près de la plaza Mayor, ici à Madrid. Pedro, où commence le marathon exactement ?

Pedro : Il y a trois points de départ avec trois parcours très différents. Derrière nous se trouve le parcours rouge. Le parcours vert est dans la rue suivante, et le parcours bleu près de la plaza de la Cibeles. C'est plus facile d'avoir trois parcours au commencement.

Mario : Quel est l'endroit le plus agréable de la course ?

Pedro : La vue la plus célèbre est au kilomètre 6, devant la Cibeles. Mais le meilleur endroit est sans doute la plaza Mayor.

Mario : Quel parcours est le plus difficile pour les participants?

Pedro : Eh bien, je suppose que le dernier kilomètre est le plus long, mais la rue de Alcalá est certainement la plus belle rue de Madrid

Mario : Quel âge ont les coureurs ?

Pedro : Il y a un marathon spécial pour les jeunes sportifs. Paulina González fut la coureuse la plus âgée en 2002 : elle avait 90 ans !

Chapitre 9 page 58

■ Soy probadora de juegos

▶ Je suis testeuse de jeux

Bienvenue à l'émission Es mi oficio...

Pedro Blanco: Es la hora de nuestra emisión *Es mi oficio.* Me llamo Pedro Blanco y hoy nuestra invitada se llama Angelina Calas. Hola Angelina. Dime, ¿cuál es tu oficio?

Angelina Calas: Pruebo videojuegos. Me gusta muchísimo, adoro mi trabajo.

Pedro: ¡Oh! Eso sí que es original. ¿Y en qué consiste?

Angelina: ¡Bueno, consiste en jugar! La empresa concibe juegos nuevos y después me los enviá. Mi trabajo consiste en probarlos. Cuando un juego no es entretenido, sugiero cambios. Cuando descubro un fallo en el sistema, aviso a la empresa.

Pedro: ¿Hay muchas mujeres que trabajan como probadoras de videojuegos? Quiero decir: ¿es un oficio con mucho personal femenino?

Angelina: Voy a decirte la verdad: en el mundo de los videojuegos, hay más hombres que mujeres. Los chicos adoran los videojuegos. En mi casa por ejemplo, no sólo yo adoro los videojuegos, mi marido adora los videojuegos, mis dos hijos también, y mi padre es un verdadero aficionado, pero todos me consideran como una excelente jugadora.

Pedro Blanco : C'est l'heure de notre émission « *C'est mon métier* ». Je m'appelle Pedro Blanco et aujourd'hui, notre invitée s'appelle Angelina Calas. Bonjour, Angelina. Dis-moi, quel est ton métier ?

Angelina Calas : Je teste des jeux vidéo. Cela me plait énormément, j'adore mon travail !

Pedro : Oh! Ça c'est original. Et, en quoi cela consiste-t-il ?

Angelina : Eh bien, cela consiste à jouer ! L'entreprise conçoit de nouveaux jeux vidéo et ensuite elle me les envoie. Mon travail consiste à les essayer. Quand un jeu n'est pas amusant, je suggère des changements. Quand je découvre une erreur dans le système, je préviens l'entreprise.

Pedro : Est-ce qu'il y a beaucoup de femmes qui travaillent comme testeuses de jeux vidéo ? Je veux dire : est-ce un métier avec beaucoup de personnel féminin ?

Angelina : Je vais te dire la vérité : dans le monde des jeux vidéo, il y a plus d'hommes que de femmes. Les garçons adorent les jeux vidéo. Chez moi par exemple, il n'y a pas que moi qui adore les jeux vidéo : mon mari adore les jeux vidéo, mes deux fils aussi et mon père est un véritable amateur, mais tous me considèrent comme une excellente joueuse.

Chapitre 10 page 62

■ ¿No te da dolor de cabeza?
▶ Ça ne te donne pas mal à la tête ?

Les auditeurs veulent en savoir plus sur Angelina Calas...

Pedro: ¡Bueno! Angelina, tenemos muchos oyentes que quieren hablar contigo. La primera persona es Julia, de Barcelona.

Julia: Hola Angelina, ¿trabajas mucho?

Angelina: ¡Bueno!, depende del periodo del año. Las empresas suelen lanzar los nuevos juegos por Navidad. Así es que trabajo muchísimo de julio a octubre. Pero tengo poco que hacer en enero.

Pedro: Hay otra llamada para ti, Pablo de San Sebastián...

Pablo: ¿Cuántas horas trabajas al día?

Angelina: Por lo general, trabajo ocho horas diarias. Suelo probar juegos durante seis horas, y después escribo un informe para la empresa.

Pablo: ¡Seis horas! ¿Y no te da dolor de cabeza?

Angelina: No, siempre dejo de trabajar a la hora de comer y nunca trabajo por la noche.

Pedro: Ahora, otra llamada. Alicia de Valencia...

Alicia: ¿A tu marido le gusta el trabajo que haces?

Angelina: Adora mi trabajo porque consigue todos los nuevos juegos. Pero no le gusta en agosto porque a veces se va de vacaciones sin mí.

Pedro : Bien ! Angelina, nous avons beaucoup d'auditeurs qui veulent te parler. La première personne est Julia, de Barcelone.

Julia : Bonjour ! Angelina, tu travailles beaucoup ?

Angelina : Eh bien, cela dépend de la période de l'année ! Les entreprises ont l'habitude de lancer les nouveaux jeux pour Noël. Donc je travaille énormément de juillet à octobre. Mais j'ai peu à faire en janvier.

Pedro : Il y a un autre appel pour toi, Paul de San Sebastián...

Pablo : Combien d'heures travailles-tu par jour ?

Angelina : En général, je travaille huit heures par jour. J'ai l'habitude d'essayer les jeux pendant six heures, et ensuite j'écris un rapport pour l'entreprise.

Pablo : Six heures ! Et ça ne te donne pas mal à la tête ?

Angelina : Non, je m'arrête toujours de travailler à l'heure du déjeuner et je ne travaille jamais la nuit.

Pedro : Maintenant, un autre appel. Alicia de Valencia...

Alicia : Est-ce que ton mari aime le travail que tu fais ?

Angelina : Il adore mon travail, parce qu'il obtient tous les nouveaux jeux ! Mais il ne l'aime pas en août parce qu'il part parfois en vacances sans moi.

Chapitre 11 page 70

■ Algunos secretos chinos
▶ Quelques secrets chinois

Un invité venu de l'Orient...

Traduction des dialogues

Rosa: ¡Hola! Buenos días, soy Rosa Martínez y es la hora de la emisión *¡La buena comida!* Hoy, mi invitado se llama Zhang Song, jefe de cocina del restaurante "Dragón Imperial".

Zhang Song: Buenos días a todos los oyentes de *Radio Es mi planeta*. Gracias Rosa, por invitarme a *¡La buena comida!*

Rosa: De nada, vamos a ver. La receta de hoy es china y Zhang Song está aquí para enseñarnos todos sus secretitos.

Zhang Song: Bueno, solo unos poquitos. Sabe usted, la comida china es una de las más famosas del mundo.

Rosa: ¿Los chinos comen mucha carne?

Zhang Song: En comparación con los americanos, comemos poco, y no comemos tanta carne. En comparación con los japoneses, comemos muy poco pescado. Los chinos comen muchas verduras. Algunos dicen que es la razón por la cual somos pequeñitos y parecemos tan jovencillos. Pero, no somos tan pequeños, somos bastante grandes.

Rosa: ¿Y cuál es la receta del día?

Zhang Song: Sopa de tomate con huevos y albondiguillas. Es facilísimo de hacer. Pero cocinela solo si invita a pocos amiguitos, porque se pasa demasiado tiempo en pelar los tomatitos.

Rosa : Salut ! Bonjour, je suis Rosa Martínez et c'est l'heure de l'émission « Le bon repas ! » Aujourd'hui, mon invité s'appelle Zhang Song, chef de cuisine au restaurant le Dragon Impérial.

Zhang Song : Bonjour à tous les auditeurs de Radio C'est ma planète. Merci, Rosa, de m'inviter au « Bon repas ».

Rosa : De rien, voyons voir. La recette du jour est chinoise et Zhang Song est ici pour nous enseigner tous ses petits secrets.

Zhang Song : Bon, seulement quelques-uns. Vous savez, la nourriture chinoise est l'une des plus célèbres du monde.

Rosa : Les Chinois mangent-ils beaucoup de viande ?

Zhang Song : En comparaison avec les Américains, nous mangeons peu, et nous ne mangeons pas autant de viande. En comparaison avec les Japonais, nous mangeons très peu de poisson. Les Chinois mangent beaucoup de légumes. Certains disent que c'est la raison pour laquelle nous sommes très petits et nous avons l'air extrêmement jeunes. Mais nous ne sommes pas si petits, nous sommes assez grands.

Rosa : Et quelle est la recette du jour ?

Zhang Song : Soupe de tomate avec des œufs et des boulettes de viande. C'est extrêmement facile à faire. Mais cuisinez-la seulement si vous n'invitez pas beaucoup de copains parce que l'on passe trop de temps à peler les petites tomates.

Chapitre 12 page 74

■ ¡Qué receta tan fácil!

▶ Quelle recette facile !

C'est l'heure de passer à l'action...

Rosa: Sopa de tomates con huevos y albóndiguillas. ¡Qué bueno! Bien, ¿cuántos huevos y tomates necesitamos?

Zhang Song: Para cuatro personas se necesitan dos huevos y tres tomates maduros. Y también una cebolla de primavera, un litro de caldo de verduras, una cuchara sopera de salsa de soja y aceite.

Rosa: ¿Cuánto aceite exactamente?

Zhang Song: Un poco, una cucharilla de café nada más.

Rosa: ¿Y luego?

Zhang Song: ¡Muy fácil! Se hace así: en primer lugar, pele los tomates y la cebolla y córtelos en pequeños trozos con un cuchillo. Después, bata lenta y fuertemente los huevos con una pizca de sal y cebolla.

Rosa: ¡Me da hambre! ¡Me parece delicioso! ¡Quiero probarlo!

Zhang Song: Luego, ponga a calentar despacio el aceite y ponga a freír la cebolla. Añada el caldo. Cuando hierva, añada los tomates. Cuando eso hierva de nuevo, mezcle lentamente la salsa de soja con los huevos. ¡Y la sopa está lista!

Rosa: ¡Qué receta tan fácil! Muchas gracias Zhang Song. Pues, queridos oyentes, prueben la receta de hoy. Mañana en *¡La buena comida!*, tenemos una suculenta receta francesa.

Rosa : Soupe de tomates avec des œufs et des boulettes de viande. Que c'est bon ! Donc, de combien d'œufs et de tomates avons-nous besoin ?

Zhang Song : Pour quatre personnes, on a besoin de deux œufs et de trois tomates mûres. Et aussi, un oignon de printemps, un litre de bouillon de légumes, une cuillère à soupe de sauce de soja et de l'huile.

Rosa : Combien d'huile exactement ?

Zhang Song : Juste un peu, une petite cuillère à café, pas plus.

Rosa : Et ensuite ?

Zhang Song : Très facile. Cela se fait ainsi : en premier lieu, pelez les tomates et l'oignon et coupez-les en petits morceaux avec un couteau. Ensuite, battez lentement et fortement les œufs avec une pincée de sel et l'oignon.

Rosa : Cela me donne faim ! Ça m'a l'air délicieux ! Je veux goûter !

Zhang Song : Ensuite, mettez à chauffer doucement l'huile et mettez à frire l'oignon. Ajoutez le bouillon. Quand ça bout, ajoutez les tomates. Quand ça bout de nouveau, mélangez lentement la sauce de soja avec les œufs. Et la soupe est prête !

Rosa : Comme cette recette est facile ! Merci beaucoup, Zhang Song. Donc, chers auditeurs, essayez cette recette d'aujourd'hui. Demain dans « Le bon repas ! », nous avons une succulente recette française.

Chapitre 13 page 82

■ ¿Qué pasó exactamente?

▶ Que s'est-il passé exactement ?

Émission consacrée aux consommateurs...

Alonso: Aquí Alonso Álamos, en la emisión *Del mal, el menos*. Conmigo Guillermo Rodríguez, de Sevilla. ¡Hola Guillermo! Viajaste a Inglaterra hace dos meses, ¿no es así?

Guillermo: ¡Bueno por lo menos, lo intenté!

Alonso: ¿Qué te pasó?

Guillermo: Pues, quise ir a Inglaterra con mi mujer Belén. Así es que reservamos por Internet los billetes de avión y un hotel en Londres.

Alonso: ¿Compraste los billetes caros?

Guillermo: No, muy baratos. Estuvimos contentísimos hasta que empezaron los problemas. El primer problema fue a propósito del aeropuerto.

Alonso: ¿Y por qué?

Guillermo: Pues, cuando recibimos nuestros billetes, no nos dieron el nombre del aeropuerto. Nos conectamos entonces con el sitio Web, pero nadie contestó, y eso duró diez días. Buscamos un número de teléfono pero no encontramos ninguno. Un día antes de la salida, conseguimos una respuesta.

Alonso: ¿Y de qué aeropuerto salisteis?

Guillermo: Del aeropuerto de Barajas, en Madrid. Por lo tanto, cogimos el tren de Sevilla hasta Madrid…

Alonso : Alonso Álamos, pour l'émission « Qui peut le plus peut le moins ». Avec moi Guillermo Rodríguez, de Séville. Bonjour Guillermo ! Tu es allé en Angleterre il y a deux mois, exact ?

Guillermo : Eh bien du moins, j'ai essayé !

Alonso : Que t'est-il arrivé ?

Guillermo : Eh bien, j'ai voulu aller en Angleterre avec ma femme Belén. C'est ainsi que nous avons réservé par Internet des billets d'avion et un hôtel à Londres.

Alonso : Vous avez acheté des billets chers ?

Guillermo : Non, très bon marché. Nous étions très contents jusqu'à ce que les problèmes commencent. Le premier problème fut à propos de l'aéroport.

Alonso : Et pourquoi ?

Guillermo : Eh bien quand nous avons reçu nos billets électroniques, ils ne nous donnaient pas le nom de l'aéroport. Nous nous sommes connectés sur le site web, mais personne n'a répondu, et ça a duré dix jours. Nous avons cherché un numéro de téléphone mais nous n'en avons trouvé aucun. Un jour avant le départ, nous avons reçu une réponse.

Alonso : Et de quel aéroport êtes-vous partis ?

Guillermo : De l'aéroport de Barajas, à Madrid. Par conséquent, nous avons pris le train de Séville jusqu'à Madrid...

Chapitre 14 page 86

Guillermo: Los mayores problemas los tuvimos al tomar el avión para Londres, pues, no había asiento para mi mujer.

Alonso: ¿Pero tenías dos billetes, no?

Guillermo: Pagué dos billetes, pero no conseguí dos billetes.

Alonso: ¡No me lo creo! ¿Y entonces qué hicisteis?

Guillermo: Pues, declaré que queríamos coger el mismo avión. Pasé una eternidad dando explicaciones, estaba harto.

Alonso: ¡Qué mala experiencia! ¿Pero al final conseguisteis los billetes?

Guillermo: ¡Sí! Despegamos en el avión que estaba previsto. Pero a bordo, no nos dieron nada de comer.

Alonso: ¡Menuda expedición! ¿Les dieron algo de beber?

Guillermo: No bebimos absolutamente nada y nos moríamos de sed. Y además, cuando llegamos a Londres, nuestro equipaje no estaba ahí.

Alonso: ¿Perdieron vuestro equipaje?

Guillermo: ¡Sí! Bueno, sabían que el equipaje estaba en Manchester. Lo pusieron en otro avión y nos encontramos sin ropa.

Alonso: Vamos a escuchar el resto de lo que le ocurrió a Guillermo en Inglaterra, después de una breve pausa publicitaria.

Guillermo : Les plus gros problèmes, nous les avons eus au moment de prendre l'avion pour Londres. En effet, il n'y avait pas de place pour mon épouse.

Alonso : Mais vous aviez deux billets, non ?

Guillermo : J'ai payé deux billets, mais je n'ai pas obtenu deux billets.

Alonso : Je n'y crois pas ! Et alors, qu'as-tu fait ?

Guillermo : Eh bien j'ai déclaré que nous nous voulions prendre le même avion. J'ai passé une éternité à donner des explications, j'en avais marre.

Alonso : Quelle expérience désagréable ! Mais pour finir, vous avez obtenu les billets ?

Guillermo : Oui ! Nous avons décollé avec l'avion qui était prévu. Mais à bord, ils ne nous ont rien donné à manger.

Alonso : Sacrée expédition ! Ils vous ont donné quelque chose à boire ?

Guillermo : Nous n'avons strictement rien bu et nous étions morts de soif ! Et par dessus le marché, quand nous sommes arrivés à Londres, nos bagages n'étaient pas là.

Alonso : Ils ont perdu vos bagages ?

Guillermo : Oui ! Enfin, ils savaient que les bagages étaient à Manchester. Ils les ont mis dans un autre avion et nous nous sommes retrouvés sans vêtement.

Alonso : Nous allons écouter la suite de ce qui est arrivé à Guillermo en Angleterre après une courte pause publicitaire.

Chapitre 15 page 94

■ ¿Se puede dormir en el interior?

▶ Peut-on dormir à l'intérieur ?

En route pour des vacances rafraîchissantes...

Manuel: Son las cuatro de la tarde, me llamo Manuel Velázquez de la emisión *La hora de vacaciones*. Les presentamos un hotel quizás único en el mundo. José, ¿quiere usted saber más?

José: ¡Por supuesto! ¿Qué tiene ese lugar de original?

Manuel: Es un hotel de hielo en Suecia, al exterior, la temperatura puede ser de 40 grados bajo cero.

José: ¡Eso no es frío, es helado! ¡Hay que tener buena salud!

Manuel: ¡Exactamente! Todos los años el hielo se derrite y es necesario reconstruir el hotel.

José: Entonces ¿cuándo se puede ir al hotel?

Manuel: ¡Pues en invierno, claro! El hotel debe cerrar en abril porque el agua gotea por todas partes.

José: ¿Es un gran hotel?

Manuel: Hay 800 habitaciones. Es preciso almacenar 30.000 toneladas de nieve y 4.000 toneladas de hielo para construirlo.

José: ¿Pero es un verdadero hotel? Quiero decir ¿se puede dormir en el interior?

Manuel: Bueno, hay que ser valiente pero claro que se puede dormir en el interior. Puede ser que la temperatura baje a 5 grados bajo cero, tal vez menos.

José: Entonces, ¿hace falta ropa especial?

Manuel : Il est quatre heures de l'après-midi, je m'appelle Manuel Velázquez pour l'émission « L'heure des vacances ». Nous vous présentons un hôtel probablement unique au monde. José, vous voulez en savoir plus ?

José : Bien entendu ! Qu'est-ce que cet endroit a d'original ?

Manuel : C'est un hôtel de glace en Suède, à l'extérieur, la température peut être de 40° C au-dessous de zéro.

José : Ce n'est pas froid, c'est glacial ! Il faut être en bonne santé !

Manuel : Exactement ! Tous les ans, la glace fond et il est nécessaire de reconstruire l'hôtel.

José : Alors, quand peut-on aller à l'hôtel ?

Manuel : Eh bien, en hiver, bien sûr ! L'hôtel doit fermer en avril parce que l'eau goutte de tous les côtés.

José : Est-ce que l'hôtel est grand ?

Manuel : Il y a 800 chambres. Il est nécessaire de stocker 30 000 tonnes de neige et 4 000 tonnes de glace pour le construire.

José : Mais c'est un véritable hôtel ? Je veux dire, peut-on dormir à l'intérieur ?

Manuel : Bon, il faut être courageux mais évidemment qu'on peut dormir à l'intérieur. Il se peut que la température descende à 5° C au-dessous de zéro, même moins.

José : Alors, il faut des vêtements particuliers ?

Chapitre 16 page 98

■ Se debe visitar el hotel.

▶ Vous devez absolument visiter l'hôtel.

Plus de détails sur l'hôtel...

Manuel: No hay ningún problema. Hay que llevar ropa caliente, por ejemplo, ropa interior de algodón, y cantidad de calcetines calientes. No se necesita comprar todo porque el hotel da a sus huéspedes sombreros, guantes y botas.

José: ¿Y qué se puede hacer en el hotel?

Manuel: En primer lugar, se debe visitar el hotel. Los vasos son de hielo, las camas son de hielo, todos los muebles son de hielo. Hay incluso un bar y un cine de hielo. También hay una exposición de esculturas de hielo. Y se puede escuchar música tradicional.

José: ¿Y qué actividades podemos hacer fuera?

Manuel: Se pueden hacer excursiones con raquetas.

José: ¿Y se puede ir con niños?

Manuel: Sí, pero he de decirle la verdad: para los niños, el hotel no es particularmente divertido. No deben de tocar las estatuas. Creo que conviene más a los adultos.

José: Si quiero reservar una habitación, ¿qué tengo que hacer?

Manuel: Tiene que reservar por Internet. El correo electrónico del hotel es: hielo@frio.sue.

Manuel : Il n'y a aucun problème. Il faut apporter des vêtements chauds, par exemple des sous-vêtements en coton, et quantité de chaussettes chaudes. On n'a pas besoin de tout acheter parce que l'hôtel donne à ses hôtes chapeaux, gants et bottes.

José : Et que peut-on faire à l'hôtel ?

Manuel : En premier lieu, il faut visiter l'hôtel ! Les verres sont en glace, les lits sont en glace, tous les meubles sont en glace. Il y a même un bar et un cinéma en glace. Il y a aussi une exposition de sculptures de glace. Et vous pouvez écouter de la musique traditionnelle.

José : Et quelles activités peut-on faire à l'extérieur ?

Manuel : On peut faire des excursions en raquettes.

José : Et peut-on y aller avec des enfants ?

Manuel : Oui, mais je me dois de vous dire la vérité : l'hôtel n'est pas vraiment amusant pour les enfants. Ils ne doivent pas toucher les statues. Je crois qu'il convient mieux aux adultes.

José: Si je veux réserver une chambre, que dois-je faire ?

Manuel : Vous devez réserver par internet. Le mail de l'hôtel est : hielo @frio.sue.

Chapitre 17 page 106

■ Gijón contra Madrid

▶ Gijon contre Madrid

Gijón, ville portuaire des Asturies, est en pleine effervescence avant le match.

Julio Ramos: Soy Julio Ramos, para la emisión *Deportes del domingo.* Hoy estoy hablando desde Gijón. El club de fútbol asturiano juega contra el Real Madrid. Estoy viendo un hombre con una gaita y con el tradicional traje asturiano. Perdone señor, soy reportero para la emisión *Deportes del domingo*. ¿Puedo hacerle una pregunta?

El hombre: ¡Sí, claro!

Julio: Oigo música asturiana y veo que lleva un traje tradicional de Asturias. ¿Se viste aún así en Asturias?

El hombre: No, deje de bromear. Llevo el traje regional desde esta mañana porque apoyo al Gijón. Mire todos esos hombres: vienen al estadio tocando la gaita. Todos están vestidos con el traje tradicional asturiano. De esa manera, quieren mostrar que siguen apoyando al equipo de Gijón.

Julio Ramos: Muchas gracias, señor. Debo decir que estoy viendo muchos trajes tradicionales. La gente va cantando y tocando música. Algunos siguen bebiendo sidra. Perdone señora, soy Julio en los *Deportes del domingo* ¿Le puedo hacer una pregunta?

Mujer: Sí, jovencillo.

Julio: ¿Va usted de compras?

Mujer: Hago mis compras corriendo porque después voy a ver al equipo de Gijón.

Julio Ramos : Ici Julio Ramos, pour l'émission *Sports du dimanche*. Je vous parle aujourd'hui depuis Gijón. Le club de football asturien joue contre le Real Madrid. Je vois un homme avec une cornemuse et le costume asturien traditionnel. Excusez-moi monsieur, je suis reporter pour l'émission « Sports du dimanche ». Puis-je vous poser une question?

Homme : Oui, bien sûr !

Julio Ramos : J'entends de la musique asturienne et je vois que vous portez un costume traditionnel des Asturies. On s'habille comme ça dans les Asturies ?

Homme : Non, arrêtez de blaguer. Je porte le costume regional depuis ce matin parce que je soutiens Gijón. Regardez tous ces hommes, ils viennent au stade en jouant de la cornemuse. Tous sont vêtus du costume traditionnel asturien. Ainsi, ils veulent montrer qu'ils continuent à soutenir l'équipe de Gijón.

Julio Ramos : Merci beaucoup, monsieur. Je dois dire que je vois beaucoup de costumes traditionnels. Les gens s'y rendent en chantant et en jouant de la musique. Certains boivent du cidre. Excusez-moi, madame, je suis Julio pour *Sports du dimanche*. Puis-je vous poser une question ?

Femme : Oui, jeune homme.

Julio Ramos : Allez-vous faire des courses ?

Femme : Je fais mes courses en courant car après je vais voir l'équipe de Gijón.

Chapitre 18 page 110

■ Empieza el partido

▶ Le match commence

Une rencontre inattendue...

Julio: Buenos días, queridos oyentes. Habla Julio Ramos de *Deportes del domingo*. El partido empieza dentro de diez minutos. Perdone señor, soy reportero para Deportes del domingo. ¿Le puedo preguntar lo que piensa del partido?

Hombre: Claro, adelante.

Julio: Oigo que usted es francés y veo que también es un hincha de un equipo español. ¿Es qué no existe la misma calidad de fútbol en Francia?

Hombre: Ji, ji, ji, muy gracioso. ¡No! Apoyo a mi país, pero también al club del Real Madrid, uno de los mejores clubes del mundo.

Julio: ¿Qué va hacer usted después del partido?

Hombre: Bueno, eso depende del resultado. Estoy con amigos de Madrid. Si perdemos la Copa del Rey regresamos directamente a Madrid, pero si ganamos, vamos a festejar la victoria aquí en Gijón.

Julio: ¿Dónde se encuentran sus amigos?

Hombre: Están en el interior, se preparan para al partido.

Julio: ¡Estupendo! Y ¿qué alojamiento tienen en Gijón?

Hombre: Estamos en el hotel Príncipe de Asturias.

Julio: ¡No me diga! Yo también, sin duda nos vemos después del partido.

Hombre: Con mucho gusto, tengo que irme. ¡Hasta luego!

Julio : Bonjour chers auditeurs. Julio Ramos vous parle pour *Sports du dimanche*. Le match commence dans dix minutes. Excusez-moi monsieur, je suis reporter pour *Sports du dimanche*. Puis-je vous demander ce que vous pensez du match ?

Homme : Bien sûr, allez y.

Julio : J'entends que vous êtes français et je vois que vous êtes également un supporter de l'équipe espagnole. Est-ce qu'il n'y a pas la même qualité de football en France ?

Homme : Haha, très drôle. Non ! Je soutiens mon pays, mais aussi le club du Real Madrid, un des meilleurs clubs du monde.

Julio : Qu'allez-vous faire après le match ?

Homme : Eh bien, ça dépend du résultat. Je suis avec des amis de Madrid. Si nous perdons la *Copa del Rey*, nous rentrons directement à Madrid mais si nous gagnons, nous fêtons la victoire ici à Gijón.

Julio : Où sont vos amis ?

Homme : Ils sont à l'intérieur, ils se préparent pour le match.

Julio : Formidable ! Et où êtes-vous logés à Gijón ?

Homme : Nous sommes à l'hôtel Prince des Asturies.

Julio : Ça alors ! Moi aussi, sans doute nous voyons-nous après le match.

Homme : Avec plaisir. Je dois y aller. À tout à l'heure.

Chapitre 19 page 118

■ Adoro hacer compras

▶ J'adore faire les courses

C'est l'heure de la promenade accompagnée dans Madrid avec Eduardo et Ana.

Eduardo Pérez: Al micrófono, Eduardo Pérez para nuestra emisión *Dar un paseo por la ciudad*. Hoy por la mañana, visitamos el mercado de la Cebada de Madrid. Está situado no muy lejos del famoso museo del Prado. Es un lugar muy animado y ruidoso. Durante el día, se pueden comprar maravillosas frutas, cantidad de verduras, carne y también pescado. Después de hacer compras, ¿porqué no dar un paseo por la tarde y visitar el museo, situado detrás del mercado?

Ana: Sí, y para ir al mercado, es facilísimo. Se puede tomar el metro o coger el autobús, las líneas 21, 35, 40, 133, 343 y 381 que le dejan muy cerca. También hay un aparcamiento a dos manzanas del mercado. Pero cuidado, porque después de las 10 de la mañana está completo. Pero, a un cuarto de hora a pie del mercado, hace tres meses abrieron otro aparcamiento, más grande.

Eduardo: Puedo añadir que el mercado de la Cebada es uno de los más antiguos de Madrid. Fue construido en 1870. Está abierto de lunes a jueves, desde las seis y media de la mañana hasta las cinco de la tarde; el viernes, desde las siete menos cuarto de la mañana hasta las nueve de la noche.

Ana: ¡Dios mío, este mercado cubierto me encanta! Aquí adentro todo parece fantástico. Mira Eduardo, ¿qué es eso? ¿Verduras?

Eduardo Pérez : Au micro, Eduardo Pérez pour notre émission *Promenade en ville*. Ce matin, nous visitons le marché de la Cebada de Madrid. Il est situé pas très loin du fameux musée du Prado. C'est un endroit très animé et bruyant. Durant la journée, on peut y acheter des fruits merveilleux, quantité de légumes, de la viande et aussi du poisson. Après avoir fait les courses, pourquoi ne pas faire une promenade l'après-midi et visiter le musée, situé derrière le marché ?

Ana : Oui, et pour aller au marché, c'est très facile. On peut prendre le métro ou prendre le bus, les lignes 21, 35, 40, 133, 343 et 381 qui vous laissent tout près. Il y a aussi un parking à deux pâtés de maison du marché. Mais attention, parce qu'après 10h du matin, c'est complet. Mais à un quart d'heure à pied du marché, un autre parking, plus grand, a ouvert il y a trois mois.

Eduardo : Je peux ajouter que le marché de la Cebada est un des plus anciens de Madrid. Il fut construit en 1870. Il est ouvert du lundi au jeudi, de 6 heures et demie du matin jusqu'à 5 heures de l'après-midi ; le vendredi de 7 heures moins le quart du matin jusqu'à 9 heures du soir.

Ana : Mon dieu, ce marché couvert me ravit. Ici à l'intérieur tout paraît fantastique. Regarde, Eduardo, qu'est-ce que c'est ? Des légumes ?

Chapitre 20 page 122

■ Quiere ruibarbo?`

▶ Voulez-vous de la rhubarbe ?

Découverte des fruits et légumes en direct à l'antenne...

Eduardo: Esto es ruibarbo, Ana. ¿Nunca lo has visto?

Ana: ¿Oh,... de veras?

Vendedor: Sí, señora, de la mejor calidad. ¿Puedo atenderla? ¿Desea usted un poco de ruibarbo? Es muy barato y muy sano.

Ana: Sí, pero nunca lo he cocinado.

Vendedor: He conseguido una estupenda receta de tarta de ruibarbo. ¿La quiere?

Eduardo: Gracias señor. Ana no sabe cocinar. En el mercado, la gente es muy amable. ¿Tiene usted algún mango?

Vendedor: ¡No, lo siento señor! No vendo ningún tipo de fruta exótica. Quizás la puede conseguir en la frutería de Pablo. Suele vender varias clases de mangos. Pero antes de irse, ¿qué le parecen unas setas muy fresquitas?

Eduardo: ¡Sí! Me gustan mucho las setas. ¿Tiene usted pepinos?

Vendedor: Sí, vendo tres por el precio de dos.

Eduardo: ¡Perfecto! También deseo unas pocas patatas, por favor.

Ana: Eduardo, deja de comprarlo todo, te lo ruego, no olvides que nuestros oyentes nos esperan. Y no hemos traído una cesta para llevarnos las compras.

Eduardo: ¡Bueno, mujer! Queridos oyentes, como pueden ver, en el mercado de la Cebada, hay una gran variedad de productos.

Ricardo : C'est de la rhubarbe, Anna. Tu n'en n'as jamais vu ?

Ana : Oh... Vraiment ?

Le vendeur : Oui, madame, de la meilleure qualité. Que puis-je faire pour vous? Désirez-vous un peu de rhubarbe ? Elle est très bon marché, et c'est très sain.

Ana : Oui, mais je n'en ai jamais cuisiné.

Le vendeur : J'ai obtenu une recette de tarte à la rhubarbe formidable. Vous la voulez ?

Ricardo : Merci, monsieur. Anna ne sait pas faire la cuisine. Au marché, les gens sont très aimables. Vous avez des mangues ?

Le vendeur : Non, désolé, monsieur. Je ne vends aucun type de fruits exotiques. Peut-être pouvez-vous en trouver dans le magasin de fruits chez Paul. D'habitude, il vend différentes variétés de mangues. Mais avant de partir, que diriez-vous de cèpes très frais ?

Ricardo : Oui, j'aime beaucoup les cèpes. Et avez-vous des concombres ?

Le vendeur : Oui, j'en vends trois pour le prix de deux.

Ricardo : Parfait ! Je désire aussi quelques pommes de terre, s'il vous plaît.

Ana : Ricardo, arrête de tout acheter, je t'en prie, souviens-toi que nos auditeurs nous attendent. Et nous n'avons pas pris de sac pour ramener les courses.

Ricardo : Bon d'accord ! Chers auditeurs, comme vous pouvez voir, au marché de la Cebada, il y a une grande variété de produits.

Corrigés des exercices

Chapitre 1 • page 12

EXERCICE 1

a. Estás muy contento.
b. Soy la primera.
c. Estoy en la radio.
d. Es un día estupendo.
e. Eres de Asturias.
f. La mujer está en la antena.

	ser	estar
a		x
b	x	
c		x
d	x	
e	x	
f		x

EXERCICE 2

a. Lola es la primera.
b. Eres de Asturias.
c. Es la hora de nuestro juego.
d. ¿Quién es el primero?
e. Soy español.

EXERCICE 3

a. Estás triste.
b. Asturias está en España.
c. Estoy contenta.
d. Madrid está en el centro de España.
e. La mujer está al teléfono.
f. Víctor está en la radio.

EXERCICE 4

a. ¿Es Víctor español?
b. ¿Es la hora del juego?
c. ¿Está la mujer al teléfono?

Chapitre 2 • page 16

EXERCICE 1

a. Soy asturiana.
b. Ellas son españolas.
c. Mi nombre es Sara.
d. Las mujeres están contentas.
e. Es la verdad.
f. Sois de Sevilla.
g. Tu apellido es Florida.
h. Los zapatos son negros

EXERCICE 2

a. Las corbatas son verdes.
b. Estamos tranquilos.
c. Las preguntas son interesantes.
d. Las mujeres son españolas.
e. Los juegos son difíciles.
f. Los zapatos no son negros.
g. ¿Están contentas?

Test 1 • page 18

EXERCICE 1

"¿Cómo te llamas?
- Me llamo Sara.
- ¿De dónde eres?
- Soy asturiana."

EXERCICE 2

a. Soy de Madrid.
b. No son de Madrid.
c. Víctor está en la televisión.
d. ¿De dónde eres?
e. Ganamos diezeuros.
f. ¿Están contentos?
g. ¿Cuál es la primera pregunta?
h. Mis zapatos no son negros.

Chapitre 3 • page 24

EXERCICE 1

a. La persona es grande.
b. ¿Es la primera mujer de Asturias?
c. Tengo una maleta azul.
d. Tenemos un tiempo estupendo.
e. Es un juego fantástico.

f. ¿Estás lista? ¡Ahora intenta la segunda pregunta!
g. Mi hermana es chiquita.
h. Sara es una mujer joven.

EXERCICE 2
a. Es mi primer día en Madrid.
b. Es un buen día.
c. Eres una mujer francesa.
d. Tengo cien euros.
e. Estamos con un gran retraso.

EXERCICE 4
a. Tengo una maleta azul.
b. Tenemos pantalones nuevos.
c. Usted tiene un tiempo estupendo en Madrid.
d. Inés tiene un buen juego.
e. Las mujeres tienen zapatos negros.
f. Tienes una radio buena.

EXERCICE 5
a. No soy de Asturias.
b. No tengo una radio.
c. No tienes zapatos nuevos.
d. No tiene una corbata nueva.
e. La mujer no tiene una maleta.

Chapitre 4 • page 28

EXERCICE 1
a. Hay una corbata roja en la maleta.
b. Hay dos zapatos negros.
c. ¿Hay mucho dinero aqué?
d. No hay error.
e. ¡Hay tanto que hablar!
f. Hay muchos números.

EXERCICE 2
a. Rita adora la radio.
b. ¿Cómo te llamas?
c. Intentamos otro número.
d. Contestan a la pregunta.
e. Se mira mucho.
f. Adivina la pregunta.
g. La radio se llama *Radio Es mi planeta*.
h. Escucháis la radio.

EXERCICE 3
a. Son vuestros juegos. / Son sus juegos.
b. Es mi mujer.
c. Son sus zapatos.
d. Adoro tu corbata.
e. ¿Dónde está tu casa?
f. Vuestro/Su número de teléfono es el 06804081XX.

Test 2 • page 30

EXERCICE 1
a. ¿Tiene Inés la lista?
b. ¿Tiene Juan el buen número?
c. ¿Tiene usted/Tienen ustedes el buen número?
d. ¿Hay muchas preguntas?
e. ¿Es Rita de Madrid?
f. ¿Estás hoy en casa?
g. ¿Tienen la buena maleta?
h. ¿Estás listo(a)?/ ¿Estamos listos(as)?

EXERCICE 2
a. Inés llama a la radio.
b. Inés y Juan intentan otro número de teléfono.
c. Trabajamos en *Radio Es mi planeta*.
d. ¿Rita adora la radio?
e. Cantan en la radio.
f. Llamáis a Rita.

Chapitre 5 • page 36

EXERCICE 1
a. Je mange beaucoup !
b. La femme boit après manger.
c. Tu manges chez toi.
d. Les enfants ne mangent pas de chocolat.
e. Aujourd'hui, nous mangeons gratuitement.
f. Vous ne buvez pas.
g. Juan et Rita ne boivent pas.

EXERCICE 2
a. Llama, por favor.
b. Empecemos, por favor.

c. Utilicen Super Blanco, por favor.
d. Cantad por favor.
e. Mira, por favor.
f. Conservad vuestros zapatos blancos, por favor.
g. Hable, por favor.

EXERCICE 3
a. No empecemos un nuevo juego.
b. No se desespere.
c. No llames a sus oyentes.
d. ¡Para conservar siempre sus zapatos blancos, no usen Super Blanco!
e. No cantéis por favor.
f. No juguemos al juego de la maleta.
g. No escuches *Radio Es mi planeta*.
h. No hable después de la pausa publicitaria.

Chapitre 6 • page 40

EXERCICE 1
a. No bebo nunca.
b. Nadie intenta.
c. No tiene ningún juego.
d. Nada es fácil.
e. Nadie escucha la radio.
f. No habla con ninguna mujer.

EXERCICE 2
a. ¡Come, hijo mío!
b. Los zapatos blancos son suyos.
c. ¿Esa radio es suya?
d. Miguel es amigo tuyo.
e. Lo suyo es jugar.
f. No son las nuestras.
g. Miguel es marido suyo.
h. Carmen es vecina suya.

EXERCICE 3
a. Son sus vecinos. / Son los vecinos suyos.
b. Son su marido. / Es el marido suyo.
c. Son sus hijos. / Son los hijos suyos.
d. Soy su hermana. / Soy la hermana suya.
e. Somos sus primas. / Somos las primas suyas.
f. Es su hijo. / Es el hijo suyo.

Test 3 • page 42

EXERCICE 1
a. ¡Para conservar sus zapatos nuevos, utilice Super Negro!
b. ¡Para ganar 1000 euros, escuche *Radio Es mi planeta!*
c. ¡Para visitar Madrid, utilice al Talgo!
d. ¡Para probar un nuevo menú, llame a Cuisine Francesa!
e. ¡Para conservar un coche brillante, compre Super Coche!
f. ¡Para recibir información de Sevilla, enviad vuestro nombre!

EXERCICE 2
a. Constante es el hijo de Manuel.
b. Bienvenido es el hijo de Esteban.
c. Paulina es la mujer de Constante.
d. Bienvenido es el marido de Julia.
e. Marisa es la prima de Juan.
f. Paulina Fernández es la tía de Ovidio.
g. Bienvenido es el tío de Juan.
h. Ovidio y Marisa son los primos de Juan.
i. Juan es el sobrino de Bienvenido.
j. Helena es la hija de Paulina.

ORAL
a. casa
b. ¡Verdad!
c. adorar
d. lista
e. idea
f. pena
g. aquí
h. ahora
i. más
j. maleta
k. hasta
l. mañana
m. habla
n. idea
o. muchas
p. una
q. ¿diga?
r. ¡hola!

Chapitre 7 • page 48

EXERCICE 1
a. Mis zapatos negros estan más nuevos que mis zapatos marrones.
b. El juego de Inés es más difícil que el juego de Manuel.

c. La corbata roja es más grande que la corbata verde.
d. Hace más calor en Madrid que en Londres.
e. Su madre es más joven de lo que dices.
f. ¿Está la mujer más contenta que Manuel?

EXERCICE 2

a. Carmen es menor que María.
b. Los zapatos rojos son mayores que los zapatos verdes.
c. El primer maratón de Madrid es más difícil que el maratón de Londres.
d. El juego de Inés es peor que el juego de Juan.
e. La corbata azul es más larga que la corbata negra.
f. El chocolate es mejor que el agua.

EXERCICE 3

a. Es el maratón de Londres.
→ Fue el maratón de Londres.
b. Eres uno de los organizadores.
→ Fuiste uno de los organizadores.
c. Son los nuevos juegos de la televisión.
→ Fueron los nuevos juegos de la televisión.
d. Soy el primer participante.
→ Fui el primer participante.
e. Sois 7.700 corredores.
→ Fuisteis 7.700 corredores.

Chapitre 8 • page 52

EXERCICE 1

a. corto → cortísimo
b. anciano → ancianísimo
c. importante → importantísimo
d. pesado → pesadísimo
e. mucha → muchísima
f. famosa → famosísima

EXERCICE 2

a. pequeña, más pequeña, la más pequeña
b. estupendo, más estupendo, el más estupendo
c. importante, más importante, el más importante
d. contenta, más contenta, la más contenta
e. negro, más negro, el más negro

EXERCICE 3

a. Mi hermana es más bella que María.
b. La plaza Mayor es la más famosa de Madrid.
c. ¿El recorrido rojo es mayor que el recorrido azul?
d. Un cumpleaños es más fácil de organizar que un maratón.
e. La pregunta de hoy es la más difícil de todas.
f. Soy mejor corredor que Juan.
g. Paulina González es la más anciana de la carrera.

EXERCICE 4

a. ¿Qué edad tiene Juan? / ¿Cuántos años tiene Juan?
b. ¿Qué edad tienes? / ¿Cuántos años tienes?
c. ¿Qué edad tiene? / ¿Cuántos años tiene?
d. ¿Qué edad tienen? / ¿Cuántos años tienen?

Test 4 • page 54

EXERCICE 1

a. El recorrido rojo fue más fácil que el recorrido azul.
b. La calle de Alcalá fue más famosa que la plaza Cibeles.
c. Los participantes del recorrido azul fueron más jóvenes que los del recorrido rojo.
d. El tiempo fue más estupendo en Madrid que en París.

EXERCICE 2

a. Este recorrido verde es pesadísimo.
b. Esta plaza es famosísima.
c. Estas mujeres son jovencísimas.
d. Estos zapatos son negrísimos.

EXERCICE 3

a. Paulina tiene noventa y tres años.
b. Luís tiene treinta y un años.
c. Sara tiene veintitrés años.
d. La prima de Sara tiene veintiocho años.
e. La hermana de Juan tiene treinta y nueve años.

ORAL

a. 3 – 33 – 337
→ tres – treinta y tres – trescientos treinta y siete
b. 5 – 55 – 584
→ cinco – cincuenta y cinco – quinientos ochenta y cuatro
c. 8 – 88 – 185
→ ocho – ochenta y ocho – ciento ochenta y cinco
d. 2 – 12 – 26 – 261
→ dos – doce – veintiséis – doscientos sesenta y uno
e. 4 – 14 – 45 – 499
→ cuatro – catorce – cuarenta y cinco – cuatrocientos noventa y nueve

Chapitre 9 • page 60

EXERCICE 1

a. ¿En que consiste tu trabajo?
b. Vivís en Madrid.
c. Cuando descubro un fallo en el sistema, aviso la empresa.
d. Escribes para *Radio Es mi planeta*.

EXERCICE 2

a. La empezamos.
b. La gana.
c. Los llamo.
d. Las compro a Esteban.
e. Los utilizo.

EXERCICE 3

a. Le escribes.
b. Le compramos una corbata.
c. Les hablo.
d. Le envía el dinero.
e. Le compro un bono.
f. Les compran zapatos blancos.

EXERCICE 4

a. Descubre la calle.
b. Compra los zapatos.
c. Escribe el apellido.
d. Escuchemos la radio.
e. Intentáis ganar el juego.

Chapitre 10 • page 64

EXERCICE 1

a. Vemos la plaza Mayor.
b. Los juegos me dan dolor de cabeza.
c. Quieren ir de vacaciones.
d. Da un bono a Sara.
e. Ves el recorrido azul.

EXERCICE 2

a. Como sin ella.
b. Jugamos con ellos.
c. Venimos sin ti.
d. Trabajo para ella.
e. Juega conmigo.
f. Venís sin ellas.

EXERCICE 3

a. Juan corre siempre los sábados.
b. Nunca van de vacaciones.
c. A veces escucho la radio.
d. Nunca trabaja sola.
e. A veces, Carmen va a Madrid por Navidad.

Test 5 • page 66

EXERCICE 1

a. ¿Cuál es el oficio de tu hermana?
b. Adoro Madrid en junio.
c. ¿Trabajas en Madrid?
d. ¿Necesitamos una lista?

e. No conocemos a tu hermano.
f. Llamemos a Rosa a la hora de comer.
g. Mi padre trabaja en una empresa.
h. ¿Cuál es el numero de teléfono de *Radio Es mi planeta?*
i. Siempre pruebo los mejores videojuegos.
j. Gracias por avisar enseguida a nuestra empresa.
k. ¿Cuantos informes escribís cada día?
l. Nunca vamos de vacaciones el mes de abril.

EXERCICE 3

Querida Helena,
En primer lugar quiero decirte que tengo un nuevo trabajo, soy probadora de videojuegos para una empresa americana. Como ves todo va bien para mí.
Mi marido va a Madrid este verano. Da una conferencia sobre el maratón en la Grecia Antigua.
Quiere ver la plaza Mayor contigo.
¿Y tú cuándo vienes a vernos?
Besos
Angelina

Chapitre 11 • page 72

EXERCICE 1

a. En realidad, no somos tan pequeños.
b. Parecemos jóvenes.
c. Eres un chico.
d. Comemos tomates.
e. Bebemos solo un poco.
f. Los chinos son mis amigos.

EXERCICE 2

a. Nous avons suffisamment de jours de vacances.
b. Les Américains mangent beaucoup de viande.
c. Nous invitons peu de copains.
d. Je travaille beaucoup.
e. Les cuisines ne sont pas si grandes.
f. C'est une recette des plus délicieuses.
g. Le restaurant est trop petit.

EXERCICE 3

a. Haz la cocina ahora.
b. No hagáis sopa de tomate.
c. Hacemos una comida japonesa cada miércoles.
d. ¡Juan, no hagas demasiado pescado!

Chapitre 12 • page 76

EXERCICE 1

a. Batir lentamente los huevos.
b. Juega ciertamente muy bien.
c. Los americanos comen rápidamente.
d. En China, cocinamos fácilmente.
e. Hierve las verduras exactamente ocho minutos.
f. Mezcle lentamente la salsa con los huevos.
g. Es una carrera increíblemente larga.

EXERCICE 2

a. Baten lentamente los huevos.
→ ¡Batan lentamente los huevos! – ¡No batan lentamente los huevos!

b. Coméis siempre tomates.
→ ¡Comed siempre tomates! – ¡No comáis siempre tomates!

c. Escribimos una receta china.
→ ¡Escribamos una receta china! – ¡No escribamos una receta china!

d. Corres el maratón de Madrid.
→ ¡Corre el maratón de Madrid! – ¡No corras el maratón de Madrid!

e. Escribís a la familia.
→ ¡Escribid a la familia! – ¡No escribáis a la familia!

f. Bebes durante la carrera.
→ ¡Bebe durante la carrera! – ¡No bebas durante la carrera!

g. Vives en Madrid.
→ ¡Vive en Madrid! – ¡No vivas en Madrid!

EXERCICE 3

a. Mis hijos necesitan unos zapatos nuevos.
b. Se necesitan amigos.
c. Queréis llamar a un amigo.
d. Queremos ir de vacaciones.
e. Necesito otra receta.
f. ¿Quieres comer más verduras?
g. Se necesita pescado.

Test 6 • page 78

EXERCICE 1

a. J'ai besoin de beaucoup de tomates mûres.
b. Peler les petites tomates est trop difficile.
c. Ajoutez un peu de sauce au soja à votre recette.
d. De combien de temps a-t-on besoin ?
e. C'est très facile à faire.

ORAL

a. Necesitamos huevos. (mucho)
→ Necesitamos muchos huevos.

b. China es un gran país. (tanto)
→ China es un país tan grande.

c. Los amigos de Juan son franceses. (mucho)
→ Muchos amigos de Juan son franceses.

d. ¿Comes verduras? (bastante)
→ ¿Comes bastantes verduras?

e. Pones sal el la sopa. (demasiado)
→ Pones demasiada sal en la sopa.

f. Añadimos sal en la sopa de huevos y tomates. (poco)
→ Añadimos un poco de sal en la sopa de huevos y tomates.

Chapitre 13 • page 84

EXERCICE 1

a. Hablo con los jugadores del Real Madrid.
→ Hablé con los jugadores del Real Madrid.

b. En el restaurante chino comes muchas verduras.
→ En el restaurante chino comiste muchas verduras.

c. Angelina recibe videojuegos de una empresa americana.
→ Angelina recibió videojuegos de una empresa americana.

d. Ganamos la carrera más importante.
→ Ganamos la carrera más importante.

e. El domingo visitáis la ciudad de París.
→ El domingo, visitasteis la ciudad de París.

f. Bebo agua todas las tardes.
→ Bebí agua todas las tardes.

EXERCICE 2

a. Tuve que ir al hotel.
b. Diste la corbata negra a tu hermano.
c. Vio la salida del maratón de Madrid.
d. Quisimos comprar muchísimas corbatas negras.
e. Vinisteis con amigos chinos y visitasteis la cuidad de Madrid.
f. Tuvo una casa en Madrid.
g. Dieron videojuegos a todos los participantes del maratón.

EXERCICE 3

a. El año pasado, compramos billetes baratos.
b. Ayer, vi a mi prima en el cine.
c. Visitaste Madrid hace dos meses.
d. Anteayer comieron en el restaurante.
e. Escribió a su padre hace un mes.

Chapitre 14 • page 88

EXERCICE 1

a. No cantaba por la tarde.
b. Escribías informes para la empresa.
c. Angelina vivía en Madrid.
d. Los jugadores bebían mucha agua.
e. Los amigos de Guillermo visitaban Londres.
f. Comías carne todos los días.
g. Guillermo pagaba sus billetes por Internet.

h. Todos los sábados comíamos en el aeropuerto.
i. Estaba en el aeropuerto de Madrid.

EXERCICE 2
a. Quería un billete de avión.
b. Dabas el equipaje a la compañía.
c. Veía despegar el avión para Madrid.
d. Queríamos un hotel en condiciones.
e. Ibais a escuchar el resto de las aventuras.
f. Era el más pequeño.
g. Daba de beber a mis amigos.

EXERCICE 3
a. Quería reservar un hotel barato en Londres.
b. Probaba videojuegos todo el día.
c. Dábamos bonos a cada emisión.
d. Ibas al cine todos los lunes.

Test 7 • page 90

EXERCICE 1
a. Intentabas coger el avión para Londres.
b. Íbamos a Inglaterra con los jugadores del Madrid.
c. Escribían un correo electrónico a la compañía.
d. Bebíais mucha agua antes de ir al aeropuerto.
e. Daba una respuesta a la pregunta.
f. Tenía un billete de tren para Sevilla.

EXERCICE 2
– Llamé a Juan el lunes.
– No fui al mercado de Madrid el martes.
– Compré un billete de avión para París el miercoles.
– No fui al cine con los niños el jueves.
– Comí con mi hijo en el restaurante chino el viernes.
– No di informe a Ovidio el sábado.
– No vi la casa de Carmen el domingo.

EXERCICE 3
Querido Ovidio:
Fui a Madrid el lunes. Carmen vino conmigo y quiso ir al cine. Por la noche fuimos al restaurante chino y después al cine. Para volver a casa cogimos el avión el jueves, a las diez de la mañana.
Saludos,
Juan.

ORAL
a. Quiero reservar el hotel de hielo.
b. Fuiste a ver el partido.
c. José comía en el restaurante.
d. El lunes fui al cine.
e. Compré los billetes ayer.
f. Escribías a su primo todas las semanas.

	présent	passé simple	imparfait
a	x		
b		x	
c			x
d		x	
e		x	
f			x

Chapitre 15 • page 96

EXERCICE 1
a. ¿Cuántos huevos se pueden comer?
b. ¿Se puede bajar la temperatura?
c. ¿Se pueden comprar zapatos blancos?
d. ¿Cuántos videojuegos se pueden probar?
e. ¿Se puede llevar ropa caliente?
f. ¿Se puede correr el maratón de Madrid?
g. ¿Cuándo se puede ir de vacaciones?

EXERCICE 2
a. La mujer de Juan puede ir a Madrid.
b. ¿Puede llamarme el lunes?
c. ¡Tengo hambre! ¿Puedo comer?
d. Puedo hacer sopa de tomate si quieres.
e. No podemos comer carne.
f. Puedes añadir un poco de soja.
g. Podéis ir al restaurante a las dos.
h. Los niños pueden dormir en el interior.

EXERCICE 3

a. Hay que comer muchas verduras.
b. Hay que jugar a los videojuegos.
c. Hay que ver la plaza Mayor.
d. Hay que trabajar por la noche.
e. Hay que cerrar el hotel a finales de abril.

Chapitre 16 • page 100

EXERCICE 1

a. Tengo que llamar a mi madre a las ocho.
b. Angelina tiene que probar los videojuegos.
c. Los niños tienen que llevar ropa caliente.
d. Tenemos que ir de vacaciones a Suecia en invierno.
e. Tengo que ir al hotel de hielo en diciembre y en enero.
f. Tienes que trabajar durante la noche.

EXERCICE 2

a. ¿En el hotel de hielo debes llevar ropa caliente?
b. Has de trabajar los domingos.
c. El hombre ha de llevar una bufanda.
d. Debe reservar el hotel de hielo antes de venir.
e. Los niños no deben correr en el hotel de hielo.
f. Habéis de comer todos los días en el hotel.

EXERCICE 3

a. En Japón se come mucho pescado.
b. Se necesita agua para vivir.
c. En China se cocina muy bien.
d. En el hotel de hielo, se visita la exposición todos los días.
e. En la receta de huevos con tomate se añade una pizca de soja.

Test 8 • page 102

EXERCICE 1

a. ¿Se puede comer en el restaurante?
b. ¿Se puede trabajar y viajar en Francia en julio?
c. ¿Se puede probar videojuegos para una empresa?
d. ¿Se puede escribir una receta china?
e. ¿Se puede ir al hotel de hielo?

EXERCICE 2

a. Hay que telefonear a la abuela.
b. Hay que comprar videojuegos.
c. Hay que escribir al primo de Madrid.
d. Hay que preparar la comida.
e. Hay que reservar el hotel.
f. Hay que acabar el informe para la empresa.
g. Hay que hacer el recorrido del viaje.
h. Hay que organizar el cumpleaños de Carmen.

EXERCICE 3

a. Tenemos que llamar a la agencia de viajes.
b. Tienes que sugerir un recorrido.
c. Tenemos que reservar los billetes de avión.
d. Tenéis que reservar los hoteles.
e. Tienes que comprar muchos libros.
f. Tienen que preparar las maletas.
g. Tengo que telefonear a un taxi.
h. Tiene que ir al aeropuerto.
i. Tienes que coger el avión.

ORAL

a. Se puede llamar al hotel.
b. ¿Se puede mezclar los huevos con tomates?
c. No se puede telefonear al hotel por la noche.
d. ¿Se puede organizar un maratón en Madrid?
e. Se puede encontrar la dirección del hotel por Internet.

Chapitre 17 • page 108

EXERCICE 1

a. estando
b. viendo

c. descubriendo
d. llevando
e. jugando
f. viviendo
g. queriendo
h. viniendo

EXERCICE 2

a. Apoyan el equipo cantando muchísimo.
b. Gana un bono jugando.
c. Como escuchando la radio.
d. Corremos el maratón mirando las calles de Madrid.
e. Pruebas los juegos yendo a la empresa.
f. Trabaja concibiendo juegos para la radio.
g. Visitáis Madrid descubriendo las calles.
h. Hablo pensando en mi mujer.
i. Llegan corriendo.
j. Empiezas la emisión llamando a los oyentes.

EXERCICE 3

a. Estoy hablando desde Gijón.
b. El tiempo sigue siendo estupendo.
c. Sigo participando en los maratones desde dos mil tres.
d. Empezamos las vacaciones visitando Madrid y las acabamos yendo a Gijón.

Chapitre 18 • page 112

EXERCICE 1

a. Esta noche voy al cine.
b. Mañana jugamos al fútbol.
c. Este verano vas de vacaciones a París.
d. Mañana, visitamos la plaza Mayor.
e. Después de comer vas a trabajar.

EXERCICE 2

a. Estoy en Gijón con los hinchas del Real Madrid.
b. Voy a visitar Gijón con mi marido.
c. Hablo en la radio con un francés.
d. Conoces a la prima de Sara.
e. Vais a ver el partido de fútbol.

EXERCICE 3

a. Lo estupendo es ganar el partido.
b. Lo gracioso es apoyar un equipo europeo.
c. Lo seguro es que el Madrid va a ganar.
d. Lo pesado es jugar a los videojuegos.
e. Lo fácil es cocinar chino.

Test 9 • page 114

EXERCICE 1

a. Están probando videojuegos.
b. Estoy acabando de comer.
c. Estamos apoyando al equipo.
d. Está asistiendo al partido de fútbol.
e. Estamos escuchando la gaita.
f. Estoy yendo de vacaciones.
g. Están bebiendo sidra.
h. Está viendo a el equipo de Gijón.
i. Están visitando la ciudad.

EXERCICE 2

Dentro de tres días, visito París.
Dentro de cuatro días, trabajo con amigos franceses.
Dentro de cinco días, voy al cine.
Dentro de seis días, juego al fútbol.
Dentro de una semana, asisto a un partido de fútbol.
Dentro de ocho días, como con mi primo.

ORAL

a. ¿Es estupendo visitar la ciudad?
→ Creo que lo estupendo es visitar la ciudad.

b. ¿Es difícil ganar el partido?
→ Creo que lo difícil es ganar el partido.

c. ¿Es bueno comer verduras?
→ Para mí, lo bueno es comer verduras.

d. ¿Es agradable jugar al fútbol?
→ Pienso que lo agradable es jugar al fútbol.

e. ¿Es mejor dormir en el interior del hotel?
→ Me parece que lo mejor es dormir en el interior del hotel.

f. ¿Es entretenido cocinar?
→ Según yo, lo entretenido es cocinar.

g. ¿Es importante apoyar a su equipo?
→ Supongo que lo importante es apoyar a su equipo.

Chapitre 19 • page 120

EXERCICE 1

a. Los huevos están mezclados.
b. El hotel está construido con hielo.
c. La mujer está desesperada.
d. Las cebollas están peladas.
e. Los participantes están perdidos.
f. El huésped está instalado en su habitación.

EXERCICE 2

a. Por la mañana, tomo el autobús veintiuno.
b. Por la tarde, doy un paseo.
c. Hoy visitas Madrid.
d. Dentro de dos semanas van a París.
e. Mañana por la mañana compro verduras.
f. Por la noche dormimos en el hotel.
g. El aparcamiento está abierto de noche.

EXERCICE 3

a. Es la una.
b. Es la una y diez.
c. Es la una y veinte.
d. Es la una y media.
e. Es la una menos veinte.
f. Es la una menos diez.
g. Son las dos.
h. Son las dos y diez.
i. Son las dos y veinte.
j. Son las dos y media.

Chapitre 20 • page 124

EXERCICE 1

a. Voy a visitar Madrid durante unos días.
b. Algunos amigos vienen a comer por la noche.
c. En el mercado de la Cebada no venden ningún videojuego.
d. Se necesita poca sal en la sopa.

EXERCICE 2

a. Te gustan las verduras.
b. Los padres quieren a sus hijos.
c. Romeo ama a Julieta.
d. Me gusta jugar a los videojuegos.
e. Nos gusta escuchar la radio.

EXERCICE 3

a. Visitas Madrid.
→ Has visitado Madrid.

b. Corremos mucho durante el maratón.
→ Hemos corrido mucho durante el maratón.

c. Compro una corbata negra.
→ He comprado una corbata negra.

Test 10• page 126

EXERCICE 1

a. Carmen ha comprado un repollo.
b. Has llevado un vestido blanco.
c. He deseado un poco de patatas.
d. Hemos vendido muchas verduras.
e. Han mirado las setas muy fresquitas.
f. He ido a hacer compras al mercado.

EXERCICE 2

a. Te gustan las frutas exóticas.
b. Nos gusta el cine.
c. Les ha gustado este restaurante chino.
d. José ama a Carmencita.
e. Quiero a mi primo Ovidio.
f. ¿Les gustan los melocotones?

EXERCICE 3

a. ¿Tiene usted algún pomelo?
b. No veo ningún corredor en la calle.
c. Quiero unas pocas naranjas.
d. Hay varias clases de juegos.

e. Hay muchos participantes en el maratón.
f. Todos quieren ir al hotel de hielo.

ORAL

a. ¿A qué hora vas a la reunión?
→ Voy a la reunión a las dos de la tarde.

b. ¿A qué hora vamos a ver a Pablo?
→ Vamos a ver Pablo a las once de la noche.

c. ¿A qué hora van a ver el partido de fútbol?
→ Van a ver el partido de fútbol a las siete de la tarde.

d. ¿A qué hora coméis en el restaurante?
→ Comemos en el restaurante a las diez y media de la noche.

e. ¿A qué hora participas en el maratón?
→ Participo en el maratón a las ocho y cuarto de la mañana.

f. ¿A qué hora juegas a los videojuegos?
→ Juego a los videojuegos a las nueve menos diez de la mañana.

Lexique espagnol-français

Les articles qui suivent les noms vous indiquent s'ils sont masculins ou féminins.

A

a bordo	à bord
a diario	quotidiennement
a finales	à la fin
a medio(as)	à moitié
a propósito	à propos
¿a quién?	à qui ?
a veces	parfois
abajo	en bas
abierto(a)	ouvert(e)
abril	avril
abrir	ouvrir (irrég.)
absolutamente	absolument
abuela (la)	grand-mère
acabar	finir
acción (la)	action
aceite (el)	huile
actividad (la)	activité
acuerdo (el)	accord
además	en plus
adentro	dedans, à l'intérieur
adiós	au revoir
adivinar	deviner
admirar	admirer
adorar	adorer
adulto (el)	adulte
aeropuerto (el)	aéroport
aficionado (el)	amateur
agencia de viajes (la)	agence de voyage
agosto	août
agradable	agréable
agua (la)	eau
ahí	là
ahora	maintenant
aire (el)	air
al día	par jour
al empezar	au début
al fin	pour finir
al menos	au moins
al teléfono	au téléphone
albaricoque (el)	abricot
albondiguilla (la)	petite boulette de viande
alemán/alemana	allemand(e)
algo	quelque chose
algodón (el)	coton
alguien	quelqu'un
alguno(a)	quelqu'un ; un(e), l'un(e) d'eux/d'elles
algunos(as)	quelques, des, certaines (faible quantité)
almacenar	stocker
amable	aimable
amarillo/a	jaune
americano(a)	Américain(e)
amiguito (el)	copain
anciano(a) (un/una)	ancien(ne) ; personne âgée
animado(a)	animé(e)
anoche	la nuit dernière
antaño	l'année dernière
anteayer	avant-hier
antena (la)	antenne
antes	avant
antigua	antique
antiguamente	autrefois
antiguo(a)	ancien(ne)
añadir	ajouter
año (el)	année
año pasado (el)	l'année dernière
aparato (el)	appareil
aparcamiento (el)	parking
apellido (el)	nom de famille
apoyar	soutenir
aprisa	vite
aquel(la) (os/as)	ce (loin)
aquí	ici
árabe	arabe
arriba	en haut
arroz (el)	riz
asado(a)	rôti(e)
aseo (el)	toilettes
así	ainsi
asiento (el)	siège
asistir	assister
asturiano(a)	asturien(ne)
Asturias	les Asturies (province du nord de l'Espagne)

atender	s'occuper de
aterrizar	atterrir
aún	encore
autobús (el)	autobus
automático(a)	automatique
avión (el)	avion
avisar	prévenir
ayer	hier
azul	bleu(e)

B

bajar	descendre
bajo	au-dessous
baloncesto (el)	basket
bar (el)	bar
barato(a)	bon marché
bastante	assez, suffisamment
batir	battre (cuisine)
bebé (un)	bébé
beber	boire
béisbol (el)	baseball
belga	belge
bello(a)	beau, belle
besos	bises (fin de courrier)
bien	bien
billete (el)	billet
blanco(a)	blanc(he)
bono (el)	bon d'achat
bota (la)	botte
bravo	bravo
brócoli	broccoli
bromear	plaisanter
bueno	bon, bien
bueno(a)	bon(ne)
bufanda (la)	écharpe
buscar	chercher

C

cabeza (la)	tête
cazuela (la)	casserole
cada vez más	de plus en plus
cada vez menos	de moins en moins
cada	chaque, tous les
calcetín (el)	chaussette
caldo (el)	bouillon
calentar	chauffer (irrég.)
calidad (la)	qualité
caliente	chaud(e)
calle (la)	rue
calor (el)	chaleur
cama (la)	lit
cambio (el)	changement
camisa (la)	chemise
camiseta (la)	T-shirt
cantar	chanter
cantidad (la)	quantité
carne (la)	viande
caro(a)	cher, chère
carrera (la)	course
casa (la)	maison
catorce	quatorze
cebolla (la)	oignon
cerca	près
cereza (la)	cerise
cero (el)	zéro
cerrar	fermer
cesta (la)	panier
chica (la)	fille
chico (el)	garçon
chino(a)	chinois(e)
chocolate (el)	chocolat
cien, ciento	cent
cierto(a)	certain(e)
cinco	cinq
cincuenta	cinquante
cine (el)	cinéma
ciudad	ville
clase (la)	classe, type
club (el)	club
cocina (la)	cuisine
cocinar	cuisiner
coger	prendre
color (el)	couleur
comedor (el)	salle à manger
comer	manger
comida (la)	nourriture, repas
como	comme
¿cómo?	comment ?
comparación (la)	comparaison
completo(a)	complet(-ète)
comprar	acheter
compras (las)	courses, achats
con	avec

concebir	concevoir (irrég.)
condición (la)	condition
conectar	se connecter
conferencia	conférence
conmigo	avec moi
conocer	connaître (irrég.)
conseguir	obtenir (irrég.)
conservar	conserver
considerar	considérer
consistir	consister
construir	construire
contentísimo(a)	très content(e)
contento(a)	content(e)
contestar	répondre
contigo	avec toi
contra	contre
convenir	convenir
corazón (el)	cœur
corbata (la)	cravate
corredor (el)	coureur
correo electrónico (el)	e-mail
correr	courir
correspondencia (la)	correspondance
cortar	couper
corto(a)	court(e)
creer	croire (irrég.)
¿cuál?	quel(le) ? lequel ? laquelle ?
cuando	quand
¿cuándo?	Quand ?
cuanto más	tout au plus
¿cuánto?	combien ?
cuarenta	quarante
cuarto (el)	quart
cuarto de baño (el)	salle de bains
cuarto de estar (el)	salon
cuatro	quatre
cubierto	couvert(e)
cubiertos (los)	couverts
cubrir	couvrir (irrég.)
cuchara (la)	cuillère
cuchara sopera (la)	cuillère à soupe
cucharilla (la)	petite cuillère
cuchillo (el)	couteau
cuidado (el)	attention
cumpleaños (el)	fête d'anniversaire (invariable)

D

dar	donner
dar un paseo	faire une promenade
dar	donner (irrég.)
de	de
de acuerdo	d'accord
de día	de jour
de esa manera	de cette façon
de noche	de nuit
de nuevo	de nouveau
¿De quién?	À qui ?
debajo	dessous
deber	devoir (irrég.)
decir	dire (irrég.)
declarar	déclarer, dire
dejar	laisser ; arrêter
delante	devant
demasiado	trop (s'accorde)
dentro	dedans
dentro de tres meses	dans trois mois
deporte (el)	sport
deportivo(a)	sportif (-ive)
derretir (se)	fondre (irrég.)
desaparecer	disparaître (irrég.)
desayuno (el)	petit-déjeuner
descubrir	découvrir
desde	depuis
desear	désirer
desesperar (se)	être désespéré(e)
despacio	lentement
despegar	décoller
desesperado(a)	désespéré(e)
después	après
detrás	derrière
día (el)	jour
diarias	chaque jour
diciembre	décembre
diecinueve	dix-neuf
dieciocho	dix-huit
dieciséis	seize
diecisiete	dix-sept
diez	dix
diferente	différent(e)

difícil	difficile
dinero (el)	argent (toujours singulier)
dirección (la)	adresse
distribuidor (el)	distributeur (f. distribuidora)
divertido(a)	amusant(e)
DNI (el) (Documento Nacional de Identidad)	carte nationale d'identité
doce	douze
dolor (el)	douleur
dolor de cabeza	mal à la tête
domingo (el)	dimanche
¿dónde?	où ?
dormir	dormir
dos	deux
doscientos	deux cents
ducha (la)	douche
durante	durant
durar	durer

E

edad (la)	âge
el Corte Inglés	chaîne de magasins (vêtements, accessoires, etc.)
él	il
ella(s)	elle(s)
ellos	ils
emisión (la)	émission
empezar	commencer (irrég.)
emplear	employer, passer du temps
empresa (la)	entreprise
en (Madrid)	à (Madrid), en, dans
en comparación con	en comparaison de
en condiciones	acceptable
en antena	à l'antenne
en otros tiempos	en d'autres temps
encantado(a)	enchanté(e)
encantar	enchanter
encima	dessus
encontrar (se)	se trouver (irrég.)
enero	janvier
ensalada (la)	salade
ensayar	essayer
enseñar	enseigner
entonces	alors
entrada (la)	entrée
entretenido(a)	distrayant(e)
enviar	envoyer
equipaje (el)	bagage
equipo (el)	équipe
equivocar	tromper
escribir (se)	(s')écrire
escuchar	écouter
escultura (la)	sculpture
eso/esa	ce
español(a)	espagnol(e)
especial	spécial(e)
esperar	attendre
esquí acuático (el)	ski nautique
esquí alpino (el)	ski de piste
esquí de fondo (el)	ski de fond
estaba	était
estación	saison
estadio (el)	stade
estar	être
estar harto(a)	en avoir marre
este(a)	ce(tte)
este/esta (estos/as)	ce (proche)
estoy	je suis
estupendo(a)	magnifique
eternidad (la)	éternité
Europa	Europe
exactamente	exactement
exacto(a)	exact(e)
excelente	excellent(e)
excitación (la)	excitation
excursión (la)	excursion
éxito (el)	succès
exótico(a)	exotique
experiencia (la)	expérience
explicación (la)	explication
exposición (la)	exposition
exterior	extérieur(e)
extranjero(a)	étranger(-ère)

F

fácil	facile
falda (la)	jupe

falta (hacer falta)	il faut
fallo (el)	erreur, défaillance
familia (la)	famille
famoso(a)	fameux(-se), renommé(e)
febrero	février
femenino(a)	féminin(e)
fotocopia (la)	photocopie
francés/francesa	français(e)
freír	frire (irrég.)
frijoles	haricots
fresa (la)	fraise
fresquito(a)	très frais
frío(a)	froid(e)
fruta (la)	fruit
frutería (la)	magasin primeur
fue/fueron	ils/elles fut/furent (v. *ser*)
fuera	dehors
fuerte	fort(e)
fuertemente	fortement
fútbol (el)	football
futuro(a)	futur(e)

G

gaita (la)	cornemuse
ganar	gagner
gente (la)	les gens
gotear	goutter, tomber goutte à goutte
gracias	merci
grado (el)	degré
Granada	Grenade (ville du sud de l'Espagne)
grande	grand(e)
gratis	gratuitement
Grecia	Grèce
guante (el)	gant
gustar	plaire

H

habitación (la)	chambre
hablar	parler
hace...(tres meses)	il y a… (trois mois)
hace falta...	il faut…
hacer	faire
hambre (el)	faim
hasta (que)	jusqu'à (ce que)
hay	il y a
hay que	il faut…
helado(a)	glacé(e)
hermano(a) (el/la)	frère / sœur
hervir	bouillir (irrég.)
hielo (el)	glace (froid)
hijo(a) (el/la)	fils / fille
hola	salut
hombre (un)	homme
hora (la)	heure
horario (el)	horaire
hotel (el)	hôtel
hoy	aujourd'hui
huésped(a) (el/la)	hôte
huevo (el)	œuf

I

idea (la)	idée
ignorante	ignorant(e)
impaciente	impatient(e)
importante	important(e)
incluso	même, y compris
increíble	incroyable
indispensable	indispensable
información (la)	information
informe (el)	rapport
Inglaterra	Angleterre
instalar	installer
inteligente	intelligent(e)
intentar	essayer
interesante	intéressant(e)
interior (el)	intérieur
intermedio (el)	intermède
invierno (el)	hiver
invitación (la)	invitation
invitado(a) (el/la)	invité(e)
ir	aller (irrég.)
iraquí	irakien(ne)

J

jamás	jamais
japonés/japonesa	japonais(e)

jefe (el) chef
joven (el) jeune (pl. *jóvenes*)
jovencillo(a) très jeune
juego (el) jeu
jueves jeudi
jugador(a) (el/la) joueur, joueuse
jugar jouer (irrég.)
julio juillet
junio juin

K

kilómetro (el) kilomètre

L

lanzar lancer
largo(a) long
lejos loin
lentamente lentement
lento(a) lent(e)
línea (la) ligne
lista (la) liste
listo(a) prêt(e)
litro (el) litre
llamada (una) appel téléphonique
llamado(a) appelé(e)
llamar appeler (se construit avec *a*)
llamarse s'appeler
llegar arriver
llevar porter
llueve il pleut (v. *llover*, irrég.)
locutor locuteur
luego puis
lugar (el) endroit, lieu
lunes (el) lundi

M

madre (la) mère
maduro(a) mûr(e)
mal mal
maleta (la) valise
malo(a) mauvais(e)
manera (la) manière
mango (el) mangue
manifestación (la) manifestation
manzana (la) pomme ; pâté de maison
mañana (la) matin ; demain
mañana por la mañana demain matin
mar (el) mer
maratón (el) marathon
maravilloso(a) merveilleux (-euse)
marido (el) mari
marisco fruits de mer
marrón marron
martes (el) mardi
marzo mars
más plus
matrícula (la) immatriculation
mayo mai
mayor plus grand
medio(a) demi(e)
mejor meilleur(e)
melocotón (el) pêche
menor plus petit
mercado (el) marché
mes (el) mois
metro (el) métro
mezclar mélanger
mi mon, ma
micrófono (el) micro
miércoles (el) mercredi
mil mille
mil millones un milliard
millón (un) un million
mirar regarder
mis mes
mismo(a) (el/la) le / la même
morir mourir (irrég.)
mostrar montrer
muchacha (la) fille
muchacho (el) garçon
muchísimo énormément
mucho beaucoup
mueble (el) meuble
mujer (la) femme
mundo (el) monde
museo (el) musée
música (la) musique
muy très, énormément

Lexique espagnol-français

N

nada	rien
nadie	personne
naranja	orange
naranja (la)	orange (fruit)
natación (la)	natation
Navidad (la)	Noël
necesitar	avoir besoin
negro(a)	noir(e)
nevar	neiger
nieve (la)	neige
ninguno(a)	aucun(e) (s'apocope en *ningún*)
niña (la)	petite fille
niño (el)	petit garçon
noche (la)	nuit
nombre (el)	prénom
nosotros/as	nous
noventa	quatre-vingt-dix
noviembre	novembre
nuestro/nuestra	notre
nueve	neuf
nuevo(a)	nouveau, nouvelle
número (el)	numéro
número de pasaporte (el)	numéro de passeport
nunca	jamais

O

ochenta	quatre-vingts
ocho	huit
octubre	octobre
ocurrir	arriver, se produire
oficio (el)	métier
oír	entendre (irrég.)
olvidar	oublier
once	onze
organizador (el)	organisateur
organizar	organiser
original	original(e)
otoño (el)	automne
otro(a)	un(e) autre
oyente (el)	auditeur

P

padre (el)	père
padres (los)	parents
pagar	payer
página (la)	page
pantalón (el)	pantalon
pantalón vaquero (el)	jean
papel (el)	papier
para	pour
parecer	paraître (irrég.)
participante (el)	participant
particularmente	particulièrement
pasado(a)	passé(e)
pasar a	passer à
pasar	se passer
paseo (el)	promenade
pastel de chocolate (el)	gâteau au chocolat
patata (la)	pomme de terre
patio (el)	cour
pausa (la)	pause
pelar	éplucher
pensar	penser (à) (irrég.)
peor	pire
pepino (el)	concombre
pequeñito(a)	très petit(e)
pera (la)	poire
perder	perdre (irrég.)
perfecto(a)	parfait(e)
periodo (el)	période
permiso de conducir	permis de conduire
pero	mais
persona (la)	(une) personne
personal (el)	le personnel (neutre en espagnol)
pesado(a)	pénible
pescado (el)	poisson
pie (el)	pied
pizca (la)	pincée
planeta (la)	planète
plátano (el)	banane
plato (el)	assiette
playa (la)	plage
poco a poco	peu à peu
poco más (o menos)	environ
poco(s), poca(s)	peu
poder	pouvoir

pollo (el)	poulet
pomelo (el)	pamplemousse
poner	mettre (irrég.)
por ejemplo	par exemple
por favor	s'il te/vous plaît
por la noche	le soir
por lo general	en général
por lo menos	au moins
¿Por qué?	Pourquoi ?
por	pour
porque	parce que
postre (el)	dessert
precio (el)	prix
pregunta (la)	question
presentar	présenter
previsto(a)	prévu(e)
primavera (la)	printemps
primer plato (el)	entrées (menu)
primero(a) (el/la)	le premier, la première
primo(a) (el/la)	cousin (e)
probador(a) (el/la)	testeur (testeuse)
probar	essayer, tester (irrég.)
problema (el)	problème
producto (el)	produit
profesor (el)	professeur
próximo(a)	suivant(e), prochain(e)
publicitario(a)	publicitaire
pues	donc, eh bien

Q

que	que (pronom relatif, conjonction de subordination)
¿qué?	que ? quoi ? quel(le) ?
querer	vouloir, aimer (irrég.)
querido(a)	cher(chère)
queso (el)	fromage
¿quién?	qui ?
quince	quinze
quizás	peut-être

R

radio (la)	radio
raqueta (la)	raquette
razón (la)	raison
receta (la)	recette
recibir	recevoir
reconstruir	reconstruire
recorrido (el)	parcours
repollo (el)	chou
reportaje (el)	reportage
reportero (el)	reporter
reservar	réserver
respuesta (la)	réponse
restaurante (el)	restaurant
resto (el)	le reste
retraso (el)	retard
rey (el)	roi
rogar	prier (irrég.)
rojo/a	rouge
ropa (la)	vêtement (collectif singulier)
ropa interior (la)	sous-vêtements
rosa (la)	rose (fleur)
rosa	rose (couleur)
rotundo(a)	retentissant(e)
rugby (el)	rugby
ruibarbo (el)	rhubarbe
ruidoso(a)	bruyant(e)

S

sábado (el)	samedi
saber	savoir (irrég.)
sal (la)	sel
salida (la)	départ
salir	sortir, partir (irrég.)
salmón (el)	saumon
salsa (la)	sauce
salud (la)	santé
sano(a)	sain(e)
sartén (la)	poêle
se	se
secretito (el)	petit secret
secundo plato (el)	plat de résistance
sed (la)	soif
seguir	suivre (irrég.)
segundo(a) (el/la)	le/la second(e)
seis	six
semana (la)	semaine
semana pasada (la)	la semaine dernière
sencillamente	simplement

septiembre	septembre
ser	être
sesenta	soixante
seta (la)	champignon
setenta	soixante-dix
Sevilla	Séville
sí	oui
sidra (la)	cidre
siempre	toujours
siete	sept
simplemente	simplement
sin	sans
sin duda	sans doute
sistema (la)	système
sitio (el)	lieu
sitio web (el)	site web
situación (la)	situation
situado(a)	situé(e)
sobre	sur
soja (la)	soja
sol (el)	soleil
soler	avoir l'habitude de
solo(a)	seul(e)
solución (la)	solution
sombrero (el)	chapeau
sopa (la)	soupe
sótano (el)	cave
su (sus)	son/sa (ses)
subir	monter
sucio(a)	sale
suculento(a)	succulent(e)
Suecia	Suède
sugerir	suggérer (irrég.)
super	super
suponer	supposer (irrég.)

T

tal vez	peut-être
también	aussi
tan	autant
tanto/a	tant, tellement
tarde (de la)	(de l')après midi
tarde (la)	après-midi
tarde (por la)	(durant) l'après midi
tarta (la)	tarte
taxi (el)	taxi
taza (la)	tasse
telefono (el)	téléphone
temperatura (la)	température
tenedor (el)	fourchette
tener que	devoir
tener retraso	avoir du retard
tener	avoir (irrég.)
tenis (el)	tennis
tiempo (el)	temps
tío(a) (el/la)	oncle / tante
tipo (el)	sorte
tocar	toucher ; jouer de la musique
todo(a)	tout(e)
tomar	prendre
tomate (el)	tomate
tomatito (el)	petite tomate
tonelada (la)	tonne
tortilla (la)	omelette
trabajar	travailler
tradicional	traditionnel(le)
traer	apporter (irrég.)
traído(a)	apporté(e)
traje (el)	costume
tranquilo(a)	calme
trece	treize
treinta	trente
tren (el)	train
tres	trois
triste	triste
trozo (el)	morceau
tú	tu
tu	ton, ta

U

último(a)	dernier(-ère)
único(a)	unique
uno(a)	un(e)
unos(as)	quelques, des, certaines
usar	utiliser
usted	vous (de politesse, singulier)
ustedes	vous (de politesse, pluriel)

utensilios de cocina	ustensiles de cuisine (los)
uva (la)	raisin

V

vacaciones (las)(de)	(en) vacances
valiente	courageux (-euse)
variedad (la)	variété
varios(as)	plusieurs
vaso (el)	verre
vecino(a)	un(e) voisin(e)
veinte	vingt
vendedor(a) (el/la)	vendeur/vendeuse
vender	vendre (irrég.)
verano (el)	été
veras (de)	vraiment
verdad (la)	vérité
¿Verdad?	n'est-ce pas ?
verdadero(a)	véritable
verde	vert(e)
verdura (la)	légumes
vestido (el)	robe
vestir	s'habiller (irrég.)
vez (la)	fois (pl. *veces*)
viajar	voyager
viaje (el)	voyage
videojuego (el)	jeu vidéo
viento (el)	vent
viernes (el)	vendredi
violeta	violet(te)
visitar	visiter
vista (la)	vue
vivir	habiter
volver	revenir (irrég.)
vosotros/as	vous

Y

y	et
yo	je

Z

zanahoria (la)	carotte
zapato (el)	chaussure

Expressions

Salutations

Buenas noches.	Bonne nuit.
Buenas tardes.	Bonjour (l'après-midi).
Buenas tardes.	Bonsoir.
Buenos días.	Bonjour.
Hasta luego, hasta pronto, adiós.	Au revoir.
Hasta luego…	À bientôt…
Hasta la semana próxima.	À la semaine prochaine.
Hasta mañana.	À demain.
Hasta pronto.	À bientôt.

Présentations

¿Cómo te llamas?	Comment tu t'appelles ?
¿De dónde eres?	D'où es-tu ?
Encantado(a) de conocerlo/la.	Enchanté(e) de faire votre connaissance.
Me llamo…	Je m'appelle…

Politesse

¿Cómo estás?	Comment vas-tu ?
Con mucho gusto.	Avec plaisir.
De nada.	De rien.
Discúlpeme.	Excusez-moi.
Gracias por invitarme.	Merci de m'avoir invité(e).
Gracias por su reportaje.	Merci de votre reportage.
Hola, ¿qué tal?	Bonjour, comment ça va?
Lo siento.	Je suis désolé(e).

Lexique espagnol-français

Muchas gracias.	Merci beaucoup.
Muchísimas gracias.	Merci mille fois.
Perdone	Excusez-moi.
¿Puedo atenderla? /¿Puedo atenderle?	Que puis-je faire pour vous?
¿Qué edad tienen?	Quel âge ont-ils ?
Te lo ruego.	Je t'en prie.

Divers

Antes de empezar...	Avant de commencer…
¡Bravo, Rita!	Bravo, Rita !
¡Claro!	Bien sûr !
¿Cuántas horas	Combien d'heures
diarias?	par jour ?
Del mal, lo menos.	De deux maux, il faut choisir le moindre. (proverbe)
Depende	Ça dépend.
¿Diga?	Allo ?
¡Dios mío!	Mon Dieu !
¡Error!	Faux !
¿Es cierto?	Exact ? C'est ça ?
Es la hora.	C'est l'heure.
Es preciso…	Il est nécessaire…
¡Eso sí que es...!	Ça, c'est vraiment…!
¡Hombre!	Ça alors !
¡Me da hambre!	Cela me donne faim !
No hay ningún problema.	Il n'y a aucun problème.
No importa.	Cela n'a pas d'importance.
No lo sé.	Je ne sais pas.
¡No me diga!	Sans blague !
¡No me lo creo!	Je n'arrive pas à y croire !
No se necesita comprar...	Ce n'est pas la peine d'acheter...
No sólo yo.	Je ne suis pas le/la seul(e).
¡No tengo ni idea!	Je n'en ai aucune idée.
Otra vez	une autre fois, encore
Pobre hombre!	Pauvre de vous ! Je vous plains.
¡Por supuesto!	Bien entendu !
¿Qué es eso?	Qu'est-ce que c'est que ça ?
¿Qué hora es?	Quelle heure est-il ?
¿Qué le parece?	Qu'en pensez-vous ?
¡Qué pena!	Quel dommage !
¡Qué suerte!	Quelle chance !
¿Qué tengo que hacer?	Que dois-je faire?
Quiero decir…	Je veux dire…
Se trata de…	Il s'agit de…
Siga escuchando.	Restez à l'écoute.
¡Sin falta!	Sans faute !
Solo unos poquitos	Seulement un petit peu

Les articles qui suivent les noms vous indiquent s'ils sont masculins ou féminins.

A

à (Madrid), en	en (Madrid)
à bord	a bordo
à l'antenne	en antena
à la fin	a finales
à l'extérieur	fuera
à l'intérieur	adentro
à moitié	a medio(as)
à propos	a propósito
À qui ?	¿De quién? ; ¿A quién?
abricot	albaricoque (el)
absolument	absolutamente
acceptable	en condiciones
accord	acuerdo (el)
acheter	comprar
action	acción (la)
activité	actividad (la)
admirer	admirar
adorer	adorar
adresse	dirección (la)
adulte	adulto (el)
aéroport	aeropuerto (el)
âge	edad (la)
agence de voyage	agencia de viajes (la)
agréable	agradable
aimable	amable
aimer	querer (irrég.)
ainsi	así
air	aire (el)
ajouter	añadir
allemand(e)	alemán/alemana
aller	ir (irrég.)
alors	entonces
amateur	aficionado (el)
Américain(e)	americano(a)
amusant(e)	divertido(a)
ancien(ne)	antiguo(a)
Angleterre	Inglaterra
animé(e)	animado(a)
année	año (el)
antenne	antena (la)
antique	antigua
août	agosto
appareil	aparato (el)
appel téléphonique	llamada (una)
appelé(e)	llamado(a)
appeler	llamar (se construit avec a)
apporté(e)	traído(a)
apporter	traer (irrég.)
après	después
après-midi	tarde (la)
arabe	árabe
argent	dinero (el) (toujours singulier)
arriver	llegar
arriver, se produire	ocurrir
assez	bastante, suffisament
assiette	plato (el)
assister	asistir
asturien(ne)	asturiano(a)
attendre	esperar
attention	cuidado (el)
atterrir	aterrizar
au début	al empezar
au moins	al menos ; por lo menos
au revoir	adiós
au téléphone	al teléfono
aucun(e)	ninguno(a) (s'apocope en *ningún*)
au-dessous	bajo
auditeur	oyente (el)
aujourd'hui	hoy
aussi	también
autant	tan
autobus	autobús (el)
automatique	automático(a)
automne	otoño (el)
autrefois	antiguamente
avant	antes
avant-hier	anteayer
avec	con
avec moi	conmigo
avec toi	contigo
avion	avión (el)
avoir	tener (irrég.)

avoir besoin	necesitar
avoir du retard	tener retraso
avoir l'habitude de	soler
avril	abril

B

bagage	equipaje (el)
banane	plátano (el)
bar	bar (el)
baseball	béisbol (el)
basket	baloncesto (el)
battre (cuisine)	batir
beau, belle	bello(a)
beaucoup	mucho
bébé	bebé (un)
belge	belga
bien	bien
billet	billete (el)
bises	besos (fin de courrier)
blanc(he)	blanco(a)
bleu(e)	azul
boire	beber
bon d'achat	bono (el)
bon marché	barato(a)
bon(ne)	bueno(a)
bon, bien	bueno
botte	bota (la)
bouillir	hervir (irrég.)
bouillon	caldo (el)
bravo	bravo
broccoli	brócoli
bruyant(e)	ruidoso(a)

C

calme	tranquilo(a)
carotte	zanahoria (la)
carte nationale d'identité	DNI (el) (Documento Nacional de Identidad)
casserole	cazuela (la)
cave	sótano (el)
ce	eso/esa
ce (loin)	aquel(la) (os/as)
ce (proche)	este/esta (estos/as)
ce(tte)	este(a)
cent	cien, ciento
cerise	cereza (la)
certain(e) (sûr)	cierto(a)
chaleur	calor (el)
chambre	habitación (la)
champignon	seta (la)
changement	cambio (el)
chanter	cantar
chapeau	sombrero (el)
chaque	cada
chaque jour	diarias
chaud(e)	caliente
chauffer	calentar (irrég.)
chaussette	calcetín (el)
chaussure	zapato (el)
chef	jefe (el)
chemise	camisa (la)
cher (chère)	querido(a) ; caro(a)
chercher	buscar
chinois(e)	chino(a)
chocolat	chocolate (el)
chou	repollo (el)
cidre	sidra (la)
cinéma	cine (el)
cinq	cinco
cinquante	cincuenta
classe, type	clase (la)
club	club (el)
cœur	corazón (el)
combien ?	¿cuánto?
comme	como
commencer	empezar (irrég.)
comment ?	¿cómo?
comparaison	comparación (la)
complet (-ète)	completo(a)
concevoir	concebir (irrég.)
concombre	pepino (el)
condition	condición (la)
conférence	conferencia
connaître	conocer (irrég.)
conserver	conservar
considérer	considerar
consister	consistir
construire	construir
content(e)	contento(a)
contre	contra
convenir	convenir
copain	amiguito (el)

cornemuse	gaita (la)
correspondance	correspondencia (la)
costume	traje (el)
coton	algodón (el)
couleur	color (el)
couper	cortar
cour	patio (el)
courageux (-euse)	valiente
coureur	corredor (el)
courir	correr
course	carrera (la)
courses, achats	compras (las)
court(e)	corto(a)
cousin (e)	primo(a) (el/la)
couteau	cuchillo (el)
couvert(e)	cubierto
couverts	cubiertos (los)
couvrir	cubrir (irrég.)
cravate	corbata (la)
croire	créer (irrég.)
cuillère	cuchara (la)
cuillère à soupe	cuchara sopera (la)
cuisine	cocina (la)
cuisiner	cocinar

D

d'accord	de acuerdo
dans	en
dans trois mois	dentro de tres meses
de	de
de cette façon	de esa manera
de jour	de día
de l'après-midi	de la tarde
de moins en moins	cada vez menos
de nouveau	de nuevo
de nuit	de noche
de plus en plus	cada vez más
décembre	diciembre
déclarer	declarar
décoller	despegar
découvrir	descubrir
dedans	dentro
degré	grado (el)
dehors	fuera
demain	mañana
demain matin	mañana por la mañana
demi(e)	medio(a)
départ	salida (la)
depuis	desde
dernier(-ère)	último(a)
derrière	detrás
des	unos(as) ; algunos(as)
descendre	bajar
désespéré(e)	desesperado(a)
désirer	desear
dessert	postre (el)
dessous	debajo
dessus	encima
deux	dos
deux cents	doscientos
devant	delante
deviner	adivinar
devoir	tener que
devoir	deber (irrég.)
différent(e)	diferente
difficile	difícil
dimanche	domingo (el)
dire	decir (irrég.)
disparaître	desaparecer (irrég.)
distrayant(e)	entretenido(a)
distributeur	distribuidor (el) (pl. distribuidora)
dix	diez
dix-huit	dieciocho
dix-neuf	diecinueve
dix-sept	diecisiete
donc	pues
donner	dar (irrég.)
dormir	dormir
douche	ducha (la)
douleur	dolor (el)
douze	doce
durant	durante
durant l'après midi	por la tarde
durer	durar

E

eau	agua (la)
écharpe	bufanda (la)
écouter	escuchar

elle(s)	ella(s)
e-mail	correo electrónico (el)
émission	emisión (la)
employer	emplear
en avoir marre	estar harto(a)
en bas	abajo
en comparaison de	en comparación con
en d'autres temps	en otros tiempos
en général	por lo general
en haut	arriba
en plus	además
enchanté(e)	encantado(a)
enchanter	encantar
encore	aún
endroit	lugar (el)
énormément	muchísimo
enseigner	enseñar
entendre	oír (irrég.)
entrée	entrada (la)
entrées	primer plato (el) (menu)
entreprise	empresa (la)
environ	poco más (o menos)
envoyer	enviar
éplucher	pelar
équipe	equipo (el)
erreur	fallo (el)
espagnol(e)	español(a)
essayer	ensayar ; intentar ; probar (irrég.)
et	y
était	estaba
été	verano (el)
éternité	eternidad (la)
étranger(-ère)	extranjero(a)
être	estar ; ser
être désespéré(e)	desesperar (se)
Europe	Europa
exact(e)	exacto(a)
exactement	exactamente
excellent(e)	excelente
excitation	excitación (la)
excursion	excursión (la)
exotique	exótico(a)
expérience	experiencia (la)
explication	explicación (la)
exposition	exposición (la)
extérieur(e)	exterior

F

facile	fácil
faim	hambre (el)
faire	hacer
faire une promenade	dar un paseo
fameux(-se),	famoso(a)
famille	familia (la)
féminin(e)	femenino(a)
femme	mujer (la)
fermer	cerrar
fête d'anniversaire	cumpleaños (el) (invariable)
février	febrero
fille	chica (la) ; muchacha (la)
fils / fille	hijo(a) (el/la)
finir	acabar
fois	vez (la) (pl. veces)
fondre	derretir (se) (irrég.)
football	fútbol (el)
fort(e)	fuerte
fortement	fuertemente
fourchette	tenedor (el)
fraise	fresa (la)
français(e)	francés/francesa
frère / sœur	hermano(a) (el/la)
frire	freír (irrég.)
froid(e)	frío(a)
fromage	queso (el)
fruit	fruta (la)
fruits de mer	marisco
futur(e)	futuro(a)

G

gagner	ganar
gant	guante (el)
garçon	chico (el) ; garçon muchacho (el)
gâteau au chocolat	pastel de chocolate (el)
glace (froid)	hielo (el)
glacé(e)	helado(a)
goutter	gotear
grand(e)	grande
grand-mère	abuela (la)

gratuitement	gratis
Grèce	Grecia
Grenade	Granada (ville du sud de l'Espagne)
grimper	trepar

H

habiter	vivir
haricots	fréjoles
heure	hora (la)
hier	ayer
hiver	invierno (el)
homme	hombre (un)
horaire	horario (el)
hôte	huésped(a) (el/la)
hôtel	hotel (el)
huile	aceite (el)
huit	ocho

I

ici	aquí
idée	idea (la)
ignorant(e)	ignorante
il	él
il faut...	hace falta... ; hay que
il pleut	llueve (v. llover, irrég.)
il y a	hay
il y a... (trois mois)	hace... (tres meses)
ils	ellos
immatriculation	matrícula (la)
impatient(e)	impaciente
important(e)	importante
incroyable	increíble
indispensable	indispensable
information	información (la)
installer	instalar
intelligent(e)	inteligente
intéressant(e)	interesante
intérieur	interior (el)
intermède	intermedio (el)
invitation	invitación (la)
invité(e)	invitado(a) (el/la)
irakien(ne)	iraquí

J

jadis	antaño
jamais	nunca ; jamás
janvier	enero
japonais(e)	japonés/japonesa
jaune	amarillo/a
je	yo
je suis	estoy
jean	pantalón vaquero (el)
jeu	juego (el)
jeu vidéo	videojuego (el)
jeudi	jueves
jeune	joven (el) (pl. jóvenes)
jouer	jugar (irrég.)
jouer de la musique	tocar
joueur, joueuse	jugador(a) (el/la)
jour	día (el)
juillet	julio
juin	junio
jupe	falda (la)
jusqu'à (ce que)	hasta (que)

K

kilomètre	kilómetro (el)

L

l'année dernière	año pasado (el)
là	ahí
la nuit dernière	anoche
la semaine dernière	semana pasada (la)
laisser ; arrêter	dejar
lancer	lanzar
le / la même	mismo(a) (el/la)
le premier, la première	primero(a) (el/la)
le reste	resto (el)
le soir	por la noche
le/la second(e)	segundo(a) (el/la)
légume	verdura (la)
lent(e)	lento(a)
lentement	despacio ; lentamente
lequel ? laquelle ?	¿cuál?
les Asturies	Asturias (province du nord de l'Espagne)
les gens	gente (la)

lieu	sitio (el) ; lugar (el)
ligne	línea (la)
liste	lista (la)
lit	cama (la)
litre	litro (el)
locuteur	locutor
loin	lejos
long	largo(a)
lundi	lunes (el)

M

magasin primeur	frutería (la)
magnifique	estupendo(a)
mai	mayo
maintenant	ahora
mais	pero
maison	casa (la)
mal	mal
mal à la tête	dolor de cabeza
manger	comer
mangue	mango (el)
manière	manera (la)
manifestation	manifestación (la)
marathon	maratón (el)
marché	mercado (el)
mardi	martes (el)
mari	marido (el)
marron	marrón
mars	marzo
matin	mañana (la)
mauvais(e)	malo(a)
meilleur(e)	mejor
mélanger	mezclar
même	incluso
mer	mar (el)
merci	gracias
mercredi	miércoles (el)
mère	madre (la)
merveilleux (-euse)	maravilloso(a)
mes	mis
métier	oficio (el)
métro	metro (el)
mettre	poner (irrég.)
meuble	mueble (el)
micro	micrófono (el)
mille	mil
mois	mes (el)
mon, ma	mi
monde	mundo (el)
monter	subir
montrer	mostrar
morceau	trozo (el)
mourir	morir (irrég.)
mûr(e)	maduro(a)
musée	museo (el)
musique	música (la)

N

n'est-ce pas ?	¿Verdad?
natation	natación (la)
neige	nieve (la)
neiger	nevar
neuf	nueve
Noël	Navidad (la)
noir(e)	negro(a)
nom de famille	apellido (el)
notre	nuestro/nuestra
nourriture, repas	comida (la)
nous	nosotros/as
nouveau, nouvelle	nuevo(a)
novembre	noviembre
nuit	noche (la)
numéro	número (el)
numéro de passeport	número de pasaporte (el)

O

obtenir	conseguir (irrég.)
octobre	octubre
œuf	huevo (el)
oignon	cebolla (la)
omelette	tortilla (la)
oncle / tante	tío(a) (el/la)
onze	once
orange	naranja
orange (fruit)	naranja (la)
organisateur	organizador (el)
organiser	organizar
original(e)	original
où ?	¿dónde?
oublier	olvidar

oui	sí
ouvert(e)	abierto(a)
ouvrir	abrir (irrég.)

P

page	página (la)
pamplemousse	pomelo (el)
panier	cesta (la)
pantalon	pantalón (el)
papier	papel (el)
par exemple	por ejemplo
par jour	al día
paraître	parecer (irrég.)
parce que	porque
parcours	recorrido (el)
parents	padres (los)
parfait(e)	perfecto(a)
parfois	a veces
parking	aparcamiento (el)
parler	hablar
participant	participante (el)
particulièrement	particularmente
partir	salir (irrég.)
passé(e)	pasado(a)
passer à	pasar a
pâté de maison	manzana (la)
pause	pausa (la)
payer	pagar
pêche	melocotón (el)
pénible	pesado(a)
penser (à)	pensar (irrég.)
perdre	perder (irrég.)
père	padre (el)
période	periodo (el)
permis de conduire	permiso de conducir
personne	nadie
personne (une)	persona (la)
personne âgée	anciano(a) (un/una)
personnel(le)	personal(el)
petit garçon	niño (el)
petit secret	secretito (el)
petit-déjeuner	desayuno (el)
petite boulette de viande	albondiguilla (la)
petite cuillère	cucharilla (la)
petite fille	niña (la)
petite tomate	tomatito (el)
peu	poco(s), poca(s)
peu à peu	poco a poco
peut-être	quizás
peut-être	tal vez
photocopie	fotocopia (la)
pied	pie (el)
pincée	pizca (la)
pire	peor
plage	playa (la)
plaire	gustar
plaisanter	bromear
planète	planeta (el)
plat de résistance	segundo plato (el)
plus	más
plus grand	mayor
plus petit	menor
plusieurs	varios(as)
poêle	sartén (la)
poire	pera (la)
poisson	pescado (el)
pomme	manzana (la)
pomme de terre	patata (la)
porter	llevar
poulet	pollo (el)
pour	para ; por
pour finir	al fin
Pourquoi ?	¿Por qué?
pouvoir	poder
prendre	tomar
prendre	coger
prénom	nombre (el)
près	cerca
présenter	presentar
prêt(e)	listo(a)
prévenir	avisar
prévu(e)	previsto(a)
prier	rogar (irrég.)
printemps	primavera (la)
prix	precio (el)
problème	problema (el)
prochain(e)	proximo(a)
produit	producto (el)
professeur	profesor (el)
promenade	paseo (el)
publicitaire	publicitario(a)
puis	luego

Q

qualité	calidad (la)
quand	cuando
Quand ?	¿cuándo?
quantité	cantidad (la)
quarante	cuarenta
quart	cuarto (el)
quatorze	catorce
quatre	cuatro
quatre-vingts	ochenta
quatre-vingt-dix	noventa
que (pronom relatif, conjonction de subordination)	que
que ? quoi ? quel(le) ?	¿qué?
quel(le) ?	¿cuál?
quelqu'un	alguien ; alguno(a)
quelque chose	algo
quelques, des, certain(es)	unos(as)
quelques, des, certain(es) (faible quantité)	algunos(as)
question	pregunta (la)
qui ?	¿quién?
quinze	quince
quotidiennement	a diario

R

radio	radio (la)
raisin	uva (la)
raison	razón (la)
rapport	informe (el)
raquette	raqueta (la)
recette	receta (la)
recevoir	recibir
reconstruire	reconstruir
regarder	mirar
répondre	contestar
réponse	respuesta (la)
reportage	reportaje (el)
reporter	reportero (el)
réserver	reservar
restaurant	restaurante (el)
retard	retraso (el)
retentissant(e)	rotundo(a)
revenir	volver (irrég.)
rhubarbe	ruibarbo (el)
rien	nada
riz	arroz (el)
robe	vestido (el)
roi	rey (el)
rose (couleur)	rosa
rose (fleur)	rosa (la)
rôti(e)	asado(a)
rouge	rojo(a)
rue	calle (la)
rugby	rugby (el)

S

s'appeler	llamarse
s'écrire	escribir (se)
s'habiller	vestir (irrég.)
s'il te/vous plaît	por favor
sain(e)	sano(a)
saison	estación
salade	ensalada (la)
sale	sucio(a)
salle à manger	comedor (el)
salle de bains	cuarto de baño (el)
salon	cuarto de estar (el)
salut	hola
samedi	sábado (el)
sans	sin
sans doute	sin duda
santé	salud (la)
sauce	salsa (la)
saumon	salmón (el)
savoir	saber (irrég.)
sculpture	escultura (la)
se	se
se connecter	conectar
se passer	pasar
se trouver	encontrar (se) (irrég.)
seize	dieciséis
sel	sal (la)
semaine	semana (la)
sept	siete
septembre	septiembre
seul(e)	solo(a)
Séville	Sevilla
siège	asiento (el)

simplement	sencillamente ; simplemente
site web	sitio web (el)
situation	situación (la)
situé(e)	situado(a)
six	seis
ski de fond	esquí de fondo (el)
ski de piste	esquí alpino (el)
ski nautique	esquí acuático (el)
s'occuper de	atender
soif	sed (la)
soixante	sesenta
soixante-dix	setenta
soja	soja (la)
soleil	sol (el)
solution	solución (la)
son/sa (ses)	su (sus)
sorte	tipo (el)
sortir	salir (irrég.)
soupe	sopa (la)
sous-vêtements	ropa interior (la)
soutenir	apoyar
spécial(e)	especial
sport	deporte (el)
sportif (-ive)	deportivo(a)
stade	estadio (el)
stocker	almacenar
succès	éxito (el)
succulent(e)	suculento(a)
Suède	Suecia
suffisamment	bastante
suggérer	sugerir (irrég.)
suivant(e)	próximo(a)
suivre	seguir (irrég.)
super	super
supposer	suponer (irrég.)
sur	sobre
système	sistema (la)

T

tant	tanto(a)
tarte	tarta (la)
tasse	taza (la)
taxi	taxi (el)
téléphone	telefono (el)
tellement	tanto
température	temperatura (la)
temps	tiempo (el)
tennis	tenis (el)
testeur (-euse)	probador(a) (el/la)
tête	cabeza (la)
toilettes	aseo (el)
tomate	tomate (el)
ton, ta	tu
tonne	tonelada (la)
toucher	tocar
toujours	siempre
tout au plus	cuanto más
tout(e)	todo(a)
traditionnel(le)	tradicional
train	tren (el)
travailler	trabajar
treize	trece
trente	treinta
très content(e)	contentísimo(a)
très frais	fresquito(a)
très jeune	jovencillo(a)
très petit(e)	pequeñito(a)
très, énormément	muy
triste	triste
trois	tres
tromper	equivocar
trop	demasiado (s'accorde)
T-shirt	camiseta (la)
tu	tú

U

un milliard	mil millones
un million	millón (un)
un(e)	uno(a)
un(e) autre	otro(a)
un(e) voisin(e)	vecino(a)
un(e), l'un(e) d'eux/d'elles	alguno(a)
unique	único(a)
ustensiles de cuisine	utensilios de cocina (los)
utiliser	usar

V

vacances (en) vacaciones (las)(de)
valise maleta (la)
variété variedad (la)
vendeur/vendeuse vendedor(a) (el/la)
vendre vender (irrég.)
vendredi viernes (el)
vent viento (el)
véritable verdadero(a)
vérité verdad (la)
verre vaso (el)
vert(e) verde
vêtement ropa (la) (collectif singulier)
vêtement vestido (el)
viande carne (la)
ville ciudad
vingt veinte
violet(te) violeta
visiter visitar
vite aprisa
vouloir querer (irrég.)
vous vosotros/as
vous ustedes (politesse, pluriel)
vous usted (politesse, singulier)
voyage viaje (el)
voyager viajar
vraiment veras (de)
vue vista (la)

Z

zéro cero (el)

Expressions

Salutations

À bientôt.	Hasta pronto.
À bientôt...	Hasta luego...
À demain.	Hasta mañana.
À la semaine prochaine.	Hasta la semana próxima.
Au revoir.	Hasta luego, hasta pronto, adiós.
Bonjour.	Buenos días.
Bonjour (l'après-midi).	Buenas tardes.
Bonne nuit.	Buenas noches.
Bonsoir.	Buenas tardes.

Présentations

Comment tu t'appelles ?	¿Cómo te llamas?
D'où es-tu ?	¿De dónde eres?
Enchanté(e) de faire votre connaissance.	Encantado(a) de conocerlo/la.
Je m'appelle...	Me llamo...

Politesse

Avec plaisir.	Con mucho gusto.
Bonjour, comment ça va?	Hola, ¿qué tal?
Comment vas-tu ?	¿Cómo estás?
De rien.	De nada.
Excusez-moi.	Discúlpeme.
Excusez-moi.	Perdone.
Je suis désolé(e).	Lo siento.
Je t'en prie.	Te lo ruego.
Merci beaucoup.	Muchas gracias.
Merci de m'avoir invité(e).	Gracias por invitarme.

Merci de votre reportage.	Gracias por su reportaje.
Merci mille fois.	Muchísimas gracias.
Que puis-je faire pour vous?	¿Puedo atenderla?/ ¿Puedo atenderle?
Quel âge ont-ils ?	¿Qué edad tienen?

Divers

Allo ?	¿Diga?
Allons-y.	Vamos.
Avant de commencer…	Antes de empezar…
Bien entendu !	¡Por supuesto!
Bien sûr !	¡Claro!
Bravo, Rita !	¡Bravo, Rita!
C'est l'heure.	Es la hora.
Ça alors !	¡Hombre!
Ça dépend.	Depende.
Ça, c'est vraiment…!	¡Eso sí que es…!
Ce n'est pas la peine d'acheter…	No se necesita comprar…
Cela me donne faim !	¡Me da hambre!
Cela n'a pas d'importance.	No importa.
Combien d'heures par jour ?	¿Cuántas horas diarias?
De deux maux, il faut choisir le moindre. (proverbe)	Del mal, lo menos.
Et alors ?	¿Y eso qué?
Et qu'est-ce que ça peut me faire ?	¿Y a mí qué?
Exact ? C'est ça ?	¿Es cierto?
Faux !	¡Error!
Il est nécessaire	Es preciso
Il n'y a aucun problème.	No hay ningún problema.
Il s'agit de…	Se trata de…
Je n'arrive pas à y croire !	¡No me lo creo!
Je n'en ai aucune idée.	¡No tengo ni idea!
Je ne sais pas.	No lo sé.
Je ne suis pas le/la seul(e).	No sólo yo.
Je veux dire…	Quiero decir…
Mon Dieu !	¡Dios mío!
Pauvre de vous ! Je vous plains.	Pobre hombre!
Qu'en pensez-vous?	¿Qué le parece?
Qu'est-ce que c'est que ça ?	¿Qué es eso?
Que dois-je faire?	¿Qué tengo que hacer?
Quel dommage !	¡Qué pena!
Quelle chance !	¡Qué suerte!
Quelle heure est-il ?	¿Qué hora es?
Restez à l'écoute.	Siga escuchando.
Sans blague !	¡No me diga!

8-9 Photodisc ; 20-21 Shutterstock/Eva Madrazo ; 32-33 EYEDEA/Hoa-Qui/Pascale Beroujon ; 44-45 EYEDEA/Hoa-Qui/Explorer/J.-P. Lescourret ; 56-57 Shutterstock/Manfred Steinbach ; 68-69 HEMIS.COM/Bertrand Gardel ; 80-81 FOTOLIA.COM/Dan Talson ; 92-93 Shutterstock/Matt Trommer ; 104-105 MAGNUM/Peter Marlow ; 116-117 EYEDEA/Hoa-Qui/Jose Barea

N° de projet : 10203335 – NORD COMPO – Dépôt légal : Janvier 2015
Achevé d'imprimer en France par l'imprimerie CHIRAT, 42540 Saint-Just-la-Pendue – N° 201411.0247